徳川家康の大坂城包囲網

関ヶ原合戦から大坂の陣までの十五年

安部龍太郎

朝日文庫

本書は二〇〇九年一月、集英社新書より刊行された『徳川家康の詰め将棋　大坂城包囲網』を改題し、「まえがき」を書き下ろしたものです。

徳川家康の大坂城包囲網●目次

図版作成／アトリエ・プラン
写真（とくに断りのないもの）／湯原浩司

徳川家康の大坂城包囲網

関ヶ原合戦から大坂の陣までの十五年

まえがき　関ヶ原から大坂の陣へ

本書のあとがきに二〇〇八年十一月とある。もう十五年も前のことだ。それなのにこうして再版していただくのは大変有難く、感謝にたえない。

久々に読み返して驚いたのは、あとがきの中で将来の自分へ宿題を出していることだ。当時は「真相は謎のベールにつつまれたままである」と感じていたことが、その後の調査や小説の執筆によって少しずつ分るようになってきた。

再版に当たって加筆を求められたので、そのことについて仮説（新説）をまじえて記してみたい。

関ヶ原の戦いの意味を知るためには、戦国時代とはどんな時代であったかを正確にとらえ直す必要がある。

従来は鎖国史観にとらわれていたために、戦国の争乱を国内的な視野だけで解釈してきた。ところが最近では鉄砲に使う硝石（火薬の原料）も鉛（弾の原料）も、大半は海外からの輸入に依存していたことが明らかになった。

織田信長は鉄砲の大量使用によって天下を取った（取ろうとした）と当たり前のように言われてきたが、鉄砲を使うために必要な硝石や鉛をどうやって入手したかという視点はすっぽりと抜け落ちていた。

ところが近年、この二つが輸入に頼っていたことが明らかになったために、戦国の争乱を鎖国史観で語ることは完全に無意味になった。そしてこの二つが主に南蛮貿易によって入手されていたことも分ったために、ポルトガルやスペイン、そして両国との仲介役を務めたイエズス会の存在がきわめて重要視されるようになった。

戦国時代は大航海時代というグローバル化の大波の影響を抜きにしては語れないことが明確になったのである。南蛮貿易の相手国は初めはマカオに拠点をおくポルトガルで、イエズス会はポルトガルのために外交官と商社マンの役割をはたした。

イエズス会の仲介がなければ南蛮貿易に参入できず、硝石や鉛を入手できない。

西国（特に九州）の多くの大名が競うようにキリシタン大名になったのは、信仰の魅力ばかりではなくこうした現実的な問題もあった。

南蛮貿易における日本の最大の輸出品は金や銀だった。石見銀山、生野銀山などで生産された純度の高い銀は世界の垂涎《すいぜん》の的になり、日本にシルバーラッシュをもたらした。

次に重要なのは硫黄《いおう》である。これも火薬の原料として欠かせないものだが、東アジアには良質の硫黄はあまり産出しない。そのため植民地獲得競争をくり広げていたポルトガルやスペインなどは、日本の硫黄を喉から手が出るほど欲しがった。

こうした貿易の活発化によって日本もグローバル化に参入していったが、そのために国内でも大きな変化が起こった。ひとつは商品と貨幣の流通量が飛躍的に増大し、経済の中心を商人や流通業者が担うようになったことだ。

もう一つは農本主義的な制度だった室町幕府の守護領国制が崩解し、商業、流通を現地で支配していた戦国大名が台頭してきたことである。

その結果、日本は空前の高度経済成長期を迎えることになった。それを象徴するのが安土城を初めとする城の建築ラッシュであり、絢爛豪華《けんらんごうか》な安土桃山文化である。

室町時代は農本主義、分権主義が主流であり、戦国時代は重商主義、中央集権主義が主流となった。その路線を突き進んだのが信長であり、受け継いで完成させたのが秀吉だった。

ところが重商主義は海外に市場を求め、中央集権主義は国内の矛盾をそらすために植民地を獲得しようという欲求に駆られがちである。秀吉も同じで、朝鮮半島ばかりか明国まで支配しようとしたが、文禄・慶長の役は失敗に終わり、日本は国家再建に向けて動き出さざるを得なくなった。

これは明治政府が海外侵攻政策を取り、昭和二十年の敗戦を迎えたのと同じ構図であり、秀吉の後を担った徳川家康や石田三成たちは、日本をどう再建するかという重い課題に直面することになった。

三成ら豊臣家の官僚は、豊臣政権の重商主義、中央集権政策を修正した上で継続しようとし、これには南蛮貿易の利益にあずかることができる西国大名の多くが参同した。

ところが東国大名は貿易に参入できる機会は少なく、伝統的に鎌倉・室町幕府の農本主義、地方分権を支持する土壌《どじょう》があった。しかも家康はこうした手法で関東八ヶ国の再建をはたしている。そこでこの政策を全国に展開する政策を打ち出し、東国大名の支持を集めた。

つまり関ヶ原の戦いは国家再建の政策をめぐる戦いであり、これに勝った家康が幕藩体制という地方分権、農本主義政策によって、国家の再建に取り組むことになったのである。

二〇二〇年九月に放送されたNHK－BSプレミアム『大戦国史「激動の日本と世界」』は、海外の研究者の論考をまじえてこうした史観を見事に描いているので、興味のある方はぜひともアーカイブでご覧いただきたい。

こうした史観を土台にして考えれば、大坂の陣が豊臣家を滅ぼすために徳川家が仕掛けた陰険《いんけん》な謀略だという見方は成り立たないことがお分りになるのではないだろうか。

関ヶ原の戦いに敗れた豊臣政権側の立場に立って考えてみよう。敗戦によって政権を失ったものの、関白家という立場と徳川家の主家に当たるという名分、摂津、河内、和泉三ヶ国の支配権は確保することができた。

石高にすれば七十万石弱だと言われているが、この土地には石高などでは計れない莫大な価値があった。国際貿易港である堺と国内交易の要《かなめ》である大坂湾を抱えているからだ。詳しい記録はないが、両港から上がる津料（港湾利用税）と関《せき》銭《せん》（関税）だけで徳川家に匹敵する収入があったものと思われる。

この有利さを生かすためには、南蛮貿易を維持しなければならない。そのためには前述したようにイエズス会とスペイン（ポルトガルは一五八〇年にスペインに併合されている）との関係を良好に保っておかなければならない。

そこで豊臣家ではイエズス会を優遇し、大坂城下にいくつもの教会を建てさせた。また太陽の沈まぬ帝国と呼ばれたスペインに接近し、幕府に対抗できるだけの軍備をととのえていった。

これに対して幕府は、カトリックであるスペインに対抗するためにオランダ、イギリスの新教国に接近していった。オランダ人のヤン・ヨーステン、イギリス人のウィリアム・アダムスを家康が顧問《こもん》として優遇したのはそのためである。

また朱印船貿易の統制を強化して豊臣家の貿易に制限を加えようとしたが、大坂湾と堺を押さえられているために、どうしても実現することができなかった。家康は何度も豊臣家に転封を迫り、イエズス会やスペイン、海外貿易から切り離そうとしたが、秀頼と淀殿は頑として応じなかった。

これは幕府が確立しようとしている幕藩体制への反逆でもある。ここに至って家康は豊臣家を排除せざるを得ないと決断し、大坂城包囲網の城郭群を築き始めたのである。

豊臣家とイエズス会の関係を断つためにもキリシタン禁令を強化する必要があったが、このことが逆にキリシタンを豊臣領に追い込み、戦力の増大を招くことになった。大坂冬の陣の直前に十万もの軍勢がわずか一ヶ月で大坂城に結集したのは、キリシタン武士のネットワークによるものである。

この時入城した真田信繁（幸村）もキリシタンだったことは、『十六・七世紀イエズス会日本報告集―第Ⅱ期第2巻』（同朋舎出版）に、「もし、（後藤）又兵衛軍が劣勢に立たされているのを見た真田フランコが明石掃部とともに新たな攻撃を仕掛けていなければ、又兵衛軍は打ち負かされてしまっていたことであろう」

（二一〇ページ）と記されていることからも明らかである。

この明石掃部もジョアンの洗礼名を持つキリシタンだし、後藤又兵衛もそうだったことは兵庫県加西市にある菩提寺（多聞寺）からキリシタン地蔵尊が発掘されたことで確実視されている。加西市の羅漢寺には宣教師の姿を写したと思われる五百羅漢像があるので、大坂の陣の後に多くのキリシタンがこの地に避難してきたのだろう。

なぜここにと疑問に思っていたが、千姫が姫路藩主本多忠政の嫡男忠刻《ただとき》と再婚した時、化粧料として与えられた十万石に加西市も含まれていると知って謎は解けた。千姫がキリシタンであったことは、小石川の伝通院にある千姫の墓にキリシタンの陰符が刻まれていることからも明らかである（詳しくは川島恂二『関東平野の隠れキリシタン』（さきたま出版会）を参照）。

千姫は忠刻に嫁いだ後も信仰を守りつづけ、自分の領地に迫害されたキリシタンを招いて保護したのだろう。千姫が始めた縁切寺（東慶寺と満徳寺）も、キリシタンの女性を保護するためだったという説が有力である。

こうした背景を考えれば、家康が伏見城から伊賀上野城に至る大坂城包囲網の城郭群を築いた理由はよく分る。関ヶ原の戦いの後も豊臣家は関白家という権威と巨大な経済力を持ち、イエズス会やスペインの支援を得て、幕府に対抗しようとしていた。

万一対応を過れば、豊臣ゆかりの大名家までが幕府の敵に回り、再び日本を東西に分ける大乱になる恐れがある。それを避けるためには、周到な準備と石橋を叩いて渡るような慎重さが必要だったのである。

二〇二三年三月

第一章　伏見城【京都】

——豊臣家・豊臣系大名封じ込めの司令塔

伏見城

大坂城包囲網とは、関ヶ原の戦いののちに豊臣家や豊臣系の西国大名を封じ込めるために、徳川家康がきずいた城郭群のことである。

従来は丹波《たんば》篠山《ささやま》城や伊賀《いが》上野《うえの》城など、大坂城を取り巻く畿内の城が包囲網の中心だと考えられてきた。ところが藤田達生《たつお》氏などの近年の研究によって、その範囲はずっと広く、東は尾張《おわり》の名古屋城、西は伊予《いよ》の宇和島《うわじま》城にまでおよぶことが明らかになった。

しかも包囲網はさらに西にのび、滝廉太郎の「荒城の月」で有名な竹田市の岡城にまで達していた可能性がある。というのはつい最近、岡城の改修が藤堂高虎《とうどうたかとら》の指示によって行なわれたことを証す文書が発見されたからだ。

『中川氏御年譜附録』によると、熊本へ上使としておもむいた高虎が、その帰りに岡城に立ち寄り、かねて親しくしていた中川秀成《ひでなり》に大手口の向きを直すように指示したという。

高虎は城作りの名手と称された男で、大坂城包囲網の城の普請をいくつも手がけている。

その高虎が指示して改修したのであれば、あの切り立った崖《がけ》に囲まれた巨大な城が、肥後《ひご》の加藤家や薩摩《さつま》の島津家にそなえたものだという考えもにわかに現実味をおびてくるのである。

これまで関ヶ原の戦いに大勝したことによって、家康の優位は決定的となったと考えられてきた。

西軍に加わった大名から六百六十万石もの所領を没収し、自分の息のかかった大名たちに自在に分け与えたのだから、その権力は磐石《ばんじゃく》になったというのが一般的な見方だった。

一方、かつての主だった豊臣家は、摂津《せっつ》、河内《かわち》、和泉《いずみ》のうちで六十五万石を領する大名になり下がっている。それゆえ徳川家に対抗する力はなかったはずだという思い込みが、大坂城包囲網の実態を過小に評価させてきた。

しかし、こうした見方は修正を迫られている。

家康は関ヶ原の戦いに勝った後も豊臣家の大老という立場でしか戦後処理をできなかったし、征夷《せいい》大将軍になってからも、慶長《けいちょう》十六年（一六一一）に秀頼《ひでより》を二条城に呼びつけるまでは臣下の礼をとらせることができなかった。

また、徳川家の主力軍をひきいた嫡子秀忠《ひでただ》が関ヶ原の戦いに遅参したために、戦後に恩賞として大封を得たのは加藤清正、福島正則《まさのり》、黒田長政ら豊臣恩顧《おんこ》の大名であり、徳川家譜代の大名は一人も西国に入ることができなかった。

それゆえ東国の徳川勢、西国の豊臣勢という構図は、関ヶ原の戦いの後もいぜんとしてつづいたのである。

家康が豊臣家をおそれる理由は二つあった。

ひとつは桁《けた》はずれの経済力である。大坂城には秀吉が全国の鉱山から集めた金や銀がうなっていたし、城下や堺に住む商人たちは国内ばかりか海外とも手広く交易して莫大な利益をあげていた。

豊臣家は大手の商人たちに運転資金を貸し付け、利益の一部を利息として回収するだけで、何十万石の大名の収入に匹敵する収益を得ることができた。

家康はこの金を使い果たさせようとやっきになって寺社の造営をさせたが、大坂冬の陣、夏の陣を戦った後になお、大坂城の焼け跡から金二万八千枚、銀二万四千枚が発見されたという。その経済力の大きさは底が知れぬほどだったのである。

もうひとつは秀頼が持つ権威だった。

豊臣家の大老という立場で関ヶ原の戦いを乗り切った家康にとって、秀頼は戦《いくさ》の後も主君でありつづけた。家康が慶長八年（一六〇三）に征夷大将軍に任じられた時には、秀頼は内大臣に、その二年後に秀忠が将軍に任じられた時には、秀頼は右大臣に任じられている。

これは家康が秀頼を主君として尊重している姿勢を示すために行なった任官だが、そうした措置《そち》をとらなければ世論の支持を得られないほど秀頼の権威が大きかったことも見逃せない事実なのである。

しかも秀頼は、朝廷からも強く支持されていた。豊臣家は摂関家と同じ家格をもって設立されたために、秀頼は生まれながらにして公卿《くぎょう》に任じられる資格を持っていた。この家柄だけは、家康が将軍になろうと右大臣になろうと決して乗り越えることができなかった。

もし秀頼が成長した後、朝廷から徳川家討伐の勅命を得て兵を挙げたなら、西国にいる豊臣恩顧の大名たちはこぞって馳《は》せ参じるだろう。関ヶ原の戦いの後に所領を削られた毛利《もうり》家や西軍に属したために処罰を受けた島津家も、雪辱《せつじょく》を期して立ち上がるにちがいない。

そうなれば再び日本を二分した合戦になるだろうが、これに勝ち抜く自信は家康にはなかった。朝廷と主君という二つの権威が合体した敵に、立ち向かう名分がないからだ。

しかも西国に比べて東国の経済力は格段《かくだん》におちる。

（とてもとても、勝てるものではあるまい）

そう観念した家康は、正面からの衝突をさけながらじわりじわりと豊臣家の力を弱めていく戦略をとった。

重き荷を負うて長き坂を行くがごとく、関ヶ原の戦いから十五年もかけて豊臣家の息の根を止める布石を打ちつづけたのである。

大坂城包囲網の城郭は、こうした戦略にもとづいてきずかれたものだ。その中には名古屋城、姫路城、彦根城など、日本を代表する名城が多い。それらの城を訪ね歩き、関ヶ原から大坂の陣までの時代の移り変わりと、包囲網の実態について考えてみたい。

最初に伏見城を選んだのは、秀吉から家康へと移り変わった時代の激動を、身をもって体験した城だからである。

秀吉はこの城で関白秀次《ひでつぐ》に切腹を命じ、溺愛《できあい》していた秀頼とともに過ごし、劣勢となった朝鮮や明《みん》との戦争を終わらせることもできずに他界した。

その二年後に起こった関ヶ原の戦いでは真っ先に両軍対決の場となり、鳥居元《とりいもと》忠《ただ》ら千八百名あまりが家康の楯となって討死した。

戦後家康がいち早く城を再建し、将軍任官の儀式をこの城で行なったのは、討死した将兵への供養の気持を表わしたかったからだろう。

伏見は京都と奈良の間に位置し、宇治川、淀《よど》川の水運によって大坂とも密接に結びついている。かつては伏見の南方に巨椋《おぐら》池が広がり、風光明媚《めいび》な土地として知られていた。

巨椋池には琵琶《びわ》湖から流れ出す瀬田川や、伊賀や奈良をへてきた木津川がそそぎ込み、淀川へとつづいているので、畿内の流通を掌握するためにも絶好の地であった。

この地に古くから秦《はた》氏を中心とする渡来系の人々が住みついたのは、そうした立地条件の良さに着目してのことである。

秀吉もここに目をつけた。京都の朝廷をにらみつつ、大坂城の動向にも目を光らせていなければならなかった秀吉にとって、伏見以上に都合のいい場所はなかったのである。

工事は天正二十年（一五九二）八月からはじまった。

この頃秀吉は朝鮮半島に十五万もの大軍を侵攻させ、明国まで征服しようという無謀な事業に取りかかっていた。ところが母親の大政所《おおまんどころ》が重態におちいったために急いで京都にもどり、母の死を看取った後に伏見城の築城に着手したのである。

これを当時は指月《しげつ》城と呼んだ。

観月橋から宇治川ぞいに四百メートルほどさかのぼると、指月の森と呼ばれる小高い丘がある。ここに秀吉は利休好みの閑静《かんせい》な屋敷を作ろうとした。

京都の聚楽第《じゅらくだい》を関白とした甥《おい》の秀次にゆずったために、新たな隠居所が必要となったからだ。

ところがやがて明国との講和の交渉がはじまり、明使を引見する場所が必要となった。そこで当初の計画を大幅に変更して、指月城と呼ばれる本格的な城郭をきずくことにしたのである。

この城には、晩年の秀吉の悲喜劇がまとわりついている。築城中の文禄二年（一五九三）八月、側室の淀殿《よどどの》が大坂城で秀頼を産んだ。我子への妄執《もうしゅう》にかられた秀吉は、秀頼の将来を案ずるあまり、二年後の文禄四年（一五九五）七月に関白としていた秀次に切腹を命じた。

それればかりでは安心できなかったのか、秀次の妻妾《さいしょう》や子女三十九人を三条河原に引き出してことごとく処刑したのである。

すでにこの頃、秀吉の威信は大きくゆらいでいた。千利休に切腹を命じた直後に、

十分になればこぼるる世の中を
御存知なきは運の末かな

という落首《らくしゅ》が洛中にはり出されたが、秀次事件によって秀吉の人気は急落し、いっそう厳しい政権運営を迫られることになったのである。

文禄五年（一五九六）閏《うるう》七月十三日に起きた大地震は、不吉な前触れと言うべきものだった。

この天災によって指月城の天守は崩れ落ち、上臈《じょうろう》女房七十三人、仲居や下女五百余人が犠牲となった。謹慎《きんしん》を命じられていた加藤清正がいち早く秀吉の救援にかけつけ、「地震加藤」とたたえられたのもこの時のことである。

秀吉はそれでも方針を変えようとはしなかった。まるで天の声に逆らうように震災の翌日から城の復興に着手し、天守を木幡《こはた》山（伏見山）にきずくように命じた。

これが伏見城と呼ばれているもので、翌年の五月に城が完成すると、秀吉は秀頼や淀殿とともに移り住んだのだった。

天守閣があったのは、現在の明治天皇陵があるあたりと考えられている。

近鉄京都線の桃山御陵前駅をおり、大手筋通りを東へと向かうと、宮内庁が設置した車止めの柵に行きあたる。その先に杉林がうっそうと生い茂り、砂利をしきつめた広々とした道が奥へとつづいている。

強い陽射しをあびながら歩くこと十分。

およそ七百メートルほど先に、明治天皇陵と宮内庁書陵部の事務所があった。天皇陵の背後の小高い山が、五層の天守閣がそびえていた場所である。

伏見城周辺地図
至京都市街
伏見駅
伏見城
丹波橋駅
近鉄丹波橋駅
明治天皇陵
京阪本線
大手筋通り
桃山御陵前駅
桃山駅
伏見桃山駅
奈良線
近鉄京都線
奈良街道
観月橋駅
中書島駅
京阪宇治線
山科川
桃山南口駅
宇治川
至大阪
0
200m

御陵の前の広場からは、大阪に向かって蛇行しながら流れる宇治川や、大山崎へとつづく街並みを一望に見渡すことができる。秀吉は天守閣にのぼって天王山をながめながら、明智光秀に勝って天下取りの足場をきずいた日のことを何度となく思い出したにちがいない。

本丸、西の丸、名護屋《なごや》丸、松の丸を中心とした城は、大坂城に勝るとも劣らない規模を誇っていた。しかも北と東からの攻撃を強く意識した作りになっている。これは東海道や中山道《なかせんどう》から山科《やましな》に入り、山科川ぞいに攻め寄せてくる敵を想定していたからだろう。

そのような軍勢を動かせる実力者は徳川家康のほかにはいないのだから、秀吉もやがて家康が秀頼に対して牙《きば》をむくことを予測していたと思われる。

ちなみに現在復興された天守閣が建っているのは、長束正家《なつかまさいえ》の屋敷があった大蔵丸の一画である。大蔵丸と本丸や西の丸との間には深い堀があったが、今も杉林の中に堀のおもかげを伝える遺構《いこう》が残っている。

復興天守閣は京都駅の駅ビルからもくっきりと見え、伏見城の位置を知るためのランドマークとなっている。

秀吉が他界したのは、伏見城に移った翌年、慶長三年（一五九八）八月十八日のことだった。

秀頼の行く末を案じ、家康ら五大老に「秀頼こと成り立ち候ように」くれぐれもよろしく頼むという遺書を残しての遠行《えんこう》だったが、晩年の失政による負の遺産はあまりに大きく、秀吉の死と同時に豊臣政権の屋台骨は激しくゆらぎはじめたのだった。

今でも伏見区には桃山福島太夫町、桃山筒井伊賀町、桃山羽柴長吉町など、大名屋敷に由来する地名があって、通りをへだてて西町、東町などに分れている。

これは伏見城の城下町がきずかれ、秀吉配下の大名たちが屋敷を構えた頃のなごりだが、町名の変更が激しい現代にあって、これほど忠実に古い町名を残している所もめずらしい。

おそらく伏見の人々の心の中には、伏見城が天下の政治の中心であった頃への郷愁《きようしゆう》があって、町名を大事にしようという意識が強いのだろう。

伏見がまだ京都市に編入される前に発行された『伏見町史』には、「豊公伏見城ノ図」という一枚の図版が収録されている。伏見城を中心にして配置された大名屋敷を詳細にしるしたものだ。この図からは、大名たちと秀吉との関係の軽重までがうかがえて興味深い。

大手門を入ってすぐの所に石田三成《みつなり》の治部少丸があり、本丸の南側の広々とした曲輪《くるわ》に増田長盛が屋敷を構えている。

本丸の北側に配された前田玄以《げんい》、長束正家とともに、秀吉側近の官僚たちが脇をかためたのである。

五大老の筆頭だった徳川家康は、大手筋の北側に上屋敷を構えている。また宇治川の南にある向島《むかいじま》にも屋敷があったが、これは本丸、二の丸、三の丸からなる立派な城で、他の大名とは別格の扱いを受けていたことが一目で分る。

この向島の城に、宿敵石田三成が飛び込んできたという説がある。

秀吉の死から八ヶ月がたった慶長四年（一五九九）閏三月三日、前田利家《としいえ》が大坂屋敷で他界した。これを見舞うために屋敷に詰めていた三成を討とうと、加藤清正、福島正則、黒田長政ら武断派の大名が兵を動かして周囲を取り巻いた。

これを知った三成は女輿に乗って脱出し、宇喜多《うきた》秀家、佐竹義宣《よしのぶ》らの兵に守られて伏見に逃れた。だが城中の屋敷への道も敵にふさがれたために、やむなく家康の城に駆け込んで救援を求めた。

並の武将なら宿敵を葬り去る絶好の機会だと考えたはずだが、家康は門前に殺到して三成を引き渡すように迫る清正や長政たちをさとし、奉行の職を辞して蟄《ちっ》居《きょ》させることを条件に三成を助けたというのである。

小説や映画でおなじみのシーンだが、近年の研究では三成が立て籠《こも》ったのは伏見城の治部少丸にある自分の屋敷だという説が有力である。

家康の侍医である板坂卜斎《ぼくさい》が記した『慶長年中卜斎記』にも、

〈治部少、西丸の向《むかい》の曲輪の屋敷へ参着〉

と記されているので、従来の説は訂正される必要がありそうだが、家康が彼らをなだめて三成を佐和山《さわやま》城に蟄居させたことだけは事実である。

豊臣家の大老という立場ではこのような無法を認めるわけにはいかないし、三成を生かして対抗勢力を温存したほうが将来の計略がねりやすいと考えたのだろう。

それから十日ほどして、家康は諸大名のすすめに応じる形で伏見城の本丸に移った。秀吉の遺言に公然とそむく行動だが、三成が蟄居させられた後だけに異をとなえる大名は一人もいなかった。

これを見た世の人々は、家康公は天下殿になられたと噂《うわさ》しあったという。

翌年六月、家康は上杉景勝を討つために会津に向かって出陣した。留守の間に三成が西国大名に檄《げき》を飛ばして家康討伐の兵を挙げることは予測していたが、豊臣政権を突きくずすためにあえて乱を求めたのである。

六月十六日に大坂をたった家康は、夕暮れ時に伏見城に入って鳥居元忠と対面した。城に留守役として残すのは、元忠以下千八百余の将兵である。

三成らが挙兵すれば、この城が真っ先に標的にされることは誰の目にも明らかだった。

「残していく人数が少なくて、そちに苦労をかける」

そうわびる家康に、元忠はもっと少なくても構わないから役に立ちそうな者は連れて行ってほしいと頼んだ。

「この城を囲まれては、後詰めの身方を頼むこともできますまい。少々人数を増やしたところで落城はまぬがれぬゆえ、前途有望な者たちを戦死させたくはないのでござる」

元忠の覚悟を聞くと、家康はそれ以上戦の話はせずに昔語りに興じた。

時に家康五十九歳、元忠は六十二歳である。

卜斎の覚書によれば、「合戦になって鉄砲の弾が不足したなら、本丸の天守にたくわえてある金銀を鋳つぶして弾にせよ」と指示したという。

これが今生の別れになるとは、二人とも充分に分っていたのである。

元忠は言葉どおり、四万もの西軍の猛攻を十日間にわたって耐え抜き、全員玉砕《ぎょくさい》した。

このことが西軍に与えた精神的なダメージは大きく、小早川秀秋らの裏切りや吉川《きっかわ》広家らの離反をうむ原因となった。秀吉が家康にそなえてきずいた伏見城の堅固《けんご》さが、関ヶ原での家康の勝利を助ける皮肉な結果になったのである。

合戦の後、家康は元忠ら千八百余名の働きを勲功《くんこう》の第一とした。彼らの犠牲をどれほど重く受け止め、どれほど手厚く遇したかは、洛中の数ヶ所の寺に残る血天井を見れば明らかである。

これは元忠らの血がしみ込んだ伏見城の床板を、供養のために寺の天井として用いたものだ。彼らの御魂《みたま》が日々の読経《どきよう》や香華《こうげ》によっていやされるように、と願った家康の配慮によるものである。

すぐに城の再建に着手したのも、激戦によって廃墟《はいきよ》と化した城を放置するに忍びなかったからかもしれない。

だが一方で、家康は冷徹な政治家である。

伏見城を最重視したのは、この城が大坂城の豊臣家と西国大名ににらみをきかせる絶好の位置にあったからだ。また秀吉の居城を受け継ぐことで、新たな覇者《はしや》となったことを天下に誇示しようという狙いもあった。

秀吉の頃には東からの敵を想定していたが、新しい城は西からの攻撃を防ぐことを念頭において改修が進められた。同時に大津城にかえて膳所《ぜぜ》城をきずき、伏見城への後方補給の基地とした。

同じ頃、家康は二条城の建設にも着手している。これは朝廷との交渉にそなえてのことだが、豊臣家と密接な関係を持つ公卿らのよからぬ策謀を抑え込むという目的もあった。

家康は後に「公家衆法度」「禁中 並《きんちゆうならびに》 公家諸法度」を次々に出し、朝廷や寺社の封じ込めにかかるが、これには豊臣家との関係を断ち切る狙いもあったのである。

関ヶ原の戦いから半年後に、家康は改修なった伏見城に入った。それから二年後の慶長八年（一六〇三）二月十二日、勅使をこの城に迎えて将軍宣下《せんげ》を受けた。豊臣家という不安定要因をかかえながらも、徳川幕府は順調なスタートをきったのである。

この時から伏見城は畿内における幕府権力の中心となり、周到に張りめぐらされていく大坂城包囲網の司令塔としての役割を果たしていく。

その役割を終えて廃城となったのは、元和《げんな》九年（一六二三）七月に三代家光が将軍宣下を受けた直後のことだった。

第二章

姫路城【兵庫県】

——秀吉に天下を取らせた古今屈指の名城

姫路城

数ある城の中でも、姫路城の美しさは際立《きわだ》っている。あの均整のとれた姿といい規模の大きさといい、四百年も前によくぞこれだけのものを作ったものだと、ただ息を呑《の》むばかりである。

白一色にぬられた外壁のせいか、この城の前に立つと雪をいただいた富士山を思い出す。

伊豆半島に住んでいた頃、カラリと晴れた冬の朝には車を飛ばして十国峠《じっこく》に出かけたものだ。峠の真っ正面に白くそびえる富士山は、なだらかな曲線を裾野《すその》までのばした優雅《ゆうが》で気品にみちた姿をしていて、見飽《あ》きることがなかった。姫路城をながめていると、それとよく似た感動と立ち去りがたさを覚えるのである。

この城は名古屋城、熊本城とならんで日本三大名城にかぞえられているが、他の二城と大きくちがうのは築城当時の姿を残していることである。

熊本城は明治十年（一八七七）の西南戦争で、名古屋城は昭和二十年（一九四五）の空襲によって焼失したが、姫路城ばかりはこうした災禍《さいか》にあうこともなく今日まで命脈をたもってきた。

その価値は何物にも代えがたいほどで、一九九三年には日本で初めて世界遺産に登録され、将来にわたって保存する努力がつづけられている。

この城をおとずれた外国人の多くは、「戦争のための要塞《ようさい》が、なぜこれほど美しいのか」と驚嘆《きようたん》するという。

日本人は刀や鎧《よろい》などの武具にも独特の精神性をこめ、さまざまな意匠《いしよう》をこらして美しく作り上げてきた。姫路城もこうした伝統をふまえてきずかれたものだが、外国人にはその心持ちがいまひとつよく分らないらしい。

むろん政治的にも、大きく美しい城を作る必要があった。

関ヶ原の戦いの後、池田輝政《てるまさ》は播磨《はりま》五十二万石を与えられ、大坂城の豊臣家と西国大名を監視する役目をおわされた。この役目を十全に果たすためには、十数万の大軍に攻められても一年や二年はもちこたえる城をきずかなければならない。

軍事的に精巧《せいこう》をきわめているばかりか、他の大名や領民に敵対することの無謀を思い知らせるほど威厳と威勢にみちたものにする必要がある。

輝政がそう考えていたことは明らかだが、単にそれだけならこれほど美しく仕上がるはずがない。あらゆるところに細工をほどこし、時には実用性を無視してまで装飾にこだわったのは、天下一の城をきずこうという輝政の美学があったからだ。

父子合わせて百万石ちかい所領を拝し、世人から「西国将軍」とたたえられた輝政にも、豊臣から徳川へと移り変わっていく時代の流れに翻弄《ほんろう》されているという無念があった。だからこそ誰にも真似のできない見事な城をきずき、戦国武将の意地と誇りを天下に示そうとしたのだろう。

いわば姫路城は輝政の自画像である。かくあれと願った自分のゆるぎのない姿を、彼は丹誠《たんせい》こめて地上に描き上げていった。

だからこそこの白亜《はくあ》の城は、我々の胸にかくも切々と訴えかけるものを持っているのである。

播州《ばんしゅう》平野のほぼ中央に位置する姫路城は、高さ四十五メートルの姫山を本丸とした平山城《ひらやまじろ》である。四キロほど北には広嶺山《ひろみねさん》や書写山《しょしゃざん》などの山地が広がり、南に七キロほど下れば瀬戸内海が波静かに横たわっている。

東には市川、西には夢前川《ゆめさきがわ》が流れ、城の第一の防御ラインを形成しているばかりか、城下の人々には飲用水を、平野の田畑には灌漑《かんがい》用水を潤沢《じゅんたく》にもたらしている。

この地に初めて城をきずいたのは、南北朝時代に勇名をはせた赤松円心《あかまつえんしん》の次男貞範《さだのり》である。南北朝の争乱もおさまり領国の統治が軌道《きどう》にのった頃に、政務をとるための館としてきずいたのである。

以来二百年ちかく播磨は赤松一門の領国となり、姫路城は赤松家の重臣であった小寺《こでら》氏の居城となった。

ところが戦国時代になって殺伐《さつばつ》たる風が吹きはじめると、小寺氏にはこの低い平山城が頼りなく思えてきたらしい。要害堅固《ようがいけんご》の御着《ごちゃく》城に移り、この城を家老の黒田重隆《しげたか》に守らせた。

重隆の孫にあたるのが、秀吉の軍師として名高い黒田官兵衛《かんべえ》孝高《よしたか》（如水《じょすい》）である。

秀吉と官兵衛の出会いこそ、戦国史を決定づける事件だった。天正《てんしょう》五年（一五七七）十月、秀吉は信長に命じられて播磨に進出するが、このお膳立《ぜんだ》てをし、強国毛利《もうり》に対抗しようとしたのが官兵衛だったのである。

秀吉は焦っていた。

なにしろ二ヶ月前に北陸攻めに加わりながら、陣立てをめぐって柴田勝家《かついえ》と対立し、信長の許しも得ずに陣を引き払っている。そのために織田軍は手取川《てどりがわ》で上杉謙信に大敗し、三千人ちかい犠牲を出したのである。

この失策を挽回《ばんかい》するための播磨出兵だけに、命がけで手柄を立てなければ明日はないという危うい立場に追い込まれていたのだった。

官兵衛は秀吉をよく助け、周囲の豪族たちを説得して織田方に引き入れた。

そのためにわずか二ヶ月ばかりで播州の大半を平定したが、翌年の二月には三《み》木《き》城の別所長治《べっしょながはる》が、十月には有岡《ありおか》城（伊丹《いたみ》城）の荒木村重《むらしげ》が毛利方となって反信長の旗をあげた。

このままでは東西からはさみ討ちにされる窮地に立たされた秀吉は、本陣を書写山に移し、信長からの援軍を待って反撃に出た。そうして二年後の天正八年（一五八〇）には毛利方の城をことごとく平らげて勢力を回復したのである。

秀吉は初め三木城を居城にしようとしたが、官兵衛が異をとなえた。三木城はたしかに堅固だが、播州の東に寄りすぎている。海からも離れているので、瀬戸内海の水運を利用することもできない。

「それよりはこの姫山の城がようござる。当家の城をさし上げますゆえ、存分にお使い下され」

官兵衛はそう進言し、自分はさっさと別の小城に引き移った。

秀吉は喜んですすめに応じ、この地を熟知《じゅくち》している官兵衛を普請奉行にして播磨一国の領主にふさわしい城をきずくことにしたのである。

この城は池田輝政が姫路城をきずくときに取り壊したために、長い間その実態が分らなかった。ところが昭和三十一年（一九五六）から始まった天守閣の解体修理のさいに、現存の天守台の下から秀吉時代の天守台の石組みが発見された。

それによって外観三重、内部四階と伝えられる天守閣が、現在の天守閣と同じ位置にあったことが明らかになった。

作りは望楼《ぼうろう》式だったというから、現在復原されている長浜城と似たような形だったのかもしれない。輝政がきずいた城の縄張り（設計）も、基本的には秀吉時代のものを踏襲していると考えられている。

築城の後、秀吉は追い風をうけたように快進撃をつづける。鳥取城の吉川経家《きっかわつねいえ》を下し、備前《びぜん》の宇喜多《うきた》家を調略し、天正十年（一五八二）五月には備中《びっちゅう》高松城を包囲した。

ところが翌月、思いも寄らぬ事変が起こった。主君信長が本能寺で明智光秀に討たれたのである。

茫然自失《ぼうぜんじしつ》している秀吉に、「兵を返して光秀を討てば、天下が転がり込んできますぞ」とささやいたのは官兵衛だった。切れ者の官兵衛は、こうした事態が起こることを予測してひそかに大返しの準備をしていたものと思われる。

秀吉は進言どおり中国大返しを敢行《かんこう》して光秀を討ち、天下人への階段を駆け上がっていくが、この時以来官兵衛を信用しなくなったと多くの史書が伝えている。

そこには本能寺の変に対する両者のスタンスのちがいや、変の背後に横たわる巨大な陰謀が垣間《かいま》見えるが、ここでは二人の蜜月が終ったことを記すのみにとどめたい。

翌年四月、秀吉は賤《しず》ヶ岳《たけ》の戦いで柴田勝家を破り、岐阜《ぎふ》城の織田信孝《のぶたか》を自殺させて信長の後継者としての地位を固めた。その間、母や夫人を姫路城に住まわせ、ここを拠点として戦いつづけたのだから、姫路城と播磨国が秀吉に天下を取らせたと言っても過言ではない。

秀吉が大坂城に移った後、この城には弟の秀長《ひでなが》や義兄の木下家定《いえさだ》が城主として入った。数少ない親族を相ついで配したことからも、秀吉がこの地をいかに重視していたかがうかがえる。

姫路城を重視したのは、家康も同じだった。

関ヶ原の戦いに勝った家康は、次女督姫《とくひめ》の夫である池田輝政に五十二万石を与えてこの地に配し、大坂城の豊臣家と西国大名の反乱にそなえさせた。

輝政はもともと秀吉と深い関係を持っていた。

本能寺の変が起こった時、秀吉は池田恒興《つねおき》（輝政の父）を身方にするために、輝政を自分の養子にすると約束した。そのために輝政は秀吉政権内で特別の地位を与えられ、後に豊臣の姓をたまわったのである。

二年後に小牧《こまき》・長久手《ながくて》の戦いが起こった時、恒興は秀吉方となって出陣したが、家康軍との戦いで嫡男元助《もとすけ》とともに討死した。そのために輝政が父の遺領である美濃《みの》を受けつぎ、岐阜城主となったのだった。

家康の娘督姫をめとったのは、秀吉にすすめられたからである。督姫は北条氏《うじ》直《なお》にとついでいたが、小田原の役で北条氏が亡んだ後は実家にもどっていた。徳川家との関係を強化したい秀吉は、輝政の嫁に督姫をむかえることで家康の歓心《かんしん》を買おうとしたのである。

婚礼は文禄《ぶんろく》三年（一五九四）八月十五日で、輝政は三十一歳、督姫は三十歳だった。

秀吉の死後、輝政は加藤清正ら武断派の大名と行動をともにし、関ヶ原の戦いでは東軍に属した。その功により三河《みかわ》吉田十五万石から、播磨一国五十二万石の大名に抜擢《ばってき》された。しかもその三年後には、督姫が産んだ忠継《ただつぐ》（当時五歳）の名儀で備前二十八万石を加増されたのである。

播磨に入った輝政は、さっそく姫路城の改修に着手した。

まず手をつけたのは、城域と城下町の整備である。秀吉がきずいた城は城郭としては完成度の高いものだったが、十数万人の敵を引き受けて籠城《ろうじょう》できるほどの規模ではなかった。

また城下町も城の北東に片寄っていて、山陽道の交通や瀬戸内海の水運の利を城下に取り込むには不便だった。

そこで輝政は城域を大きく広げ、本丸の外に中曲輪《なかくるわ》、外曲輪をきずいて内堀、中堀、外堀を配したが、その総延長は十一・五二キロにもおよんだ。

堀の広さは平均でおよそ二十メートル、深さは二・七メートルもある。その工事だけでもたいへんな労力と費用がかかったはずだが、輝政は同時に城下町の建設にも着手した。

北東に片寄っていた町を南に移し、山陽道や瀬戸内海とのつながりを強化したのである。しかも驚いたことに、直線の道路を碁盤の目のように配し、交通や経済の利便性をはかる大胆な町づくりを行なった。

現在JR姫路駅から姫路城まで、広々とした大手前通りが一直線につづいている。これは近年になって整備されたものだが、その土台となる都市計画はすでに輝政の頃になされていた。

しかも瀬戸内海の飾磨《しかま》港まで運河を掘り、船を城下に引き入れるという雄大な構想さえ持っていた。

おそらく輝政は城域と城下町の整備に全力をかたむけ、本丸や天守閣は秀吉時代のものを使えばいいと考えていたのだろう。本丸をきずき直しては家臣や領民に過重な負担をかけるし、これからの籠城戦は城下一体となって戦わなければ守り抜けないことを熟知していたからだ。

ところが入封九年目の慶長《けいちょう》十三年（一六〇八）になって、幕府から天守閣も新しくきずくようにという命令が来た。

『池水記』に〈今年輝政公台命を承って姫路城を再営し給い、天守を建て、外郭を広くし〉と記されている通り、天守や本丸の建設は幕府から強要されたものだったのである。

四十五歳という分別ざかりの輝政は、きわめて不満だったにちがいない。自分の統治権に対する不当な干渉と感じただろうし、相つぐ手伝い普請のために財政は逼迫《ひっぱく》していたからだ。

この前後に、輝政が駆り出された普請は次の通りである。

慶長六年八月　二条城の築城
〃　八年二月　江戸城の修築
〃　十年四月　内裏《だいり》修造

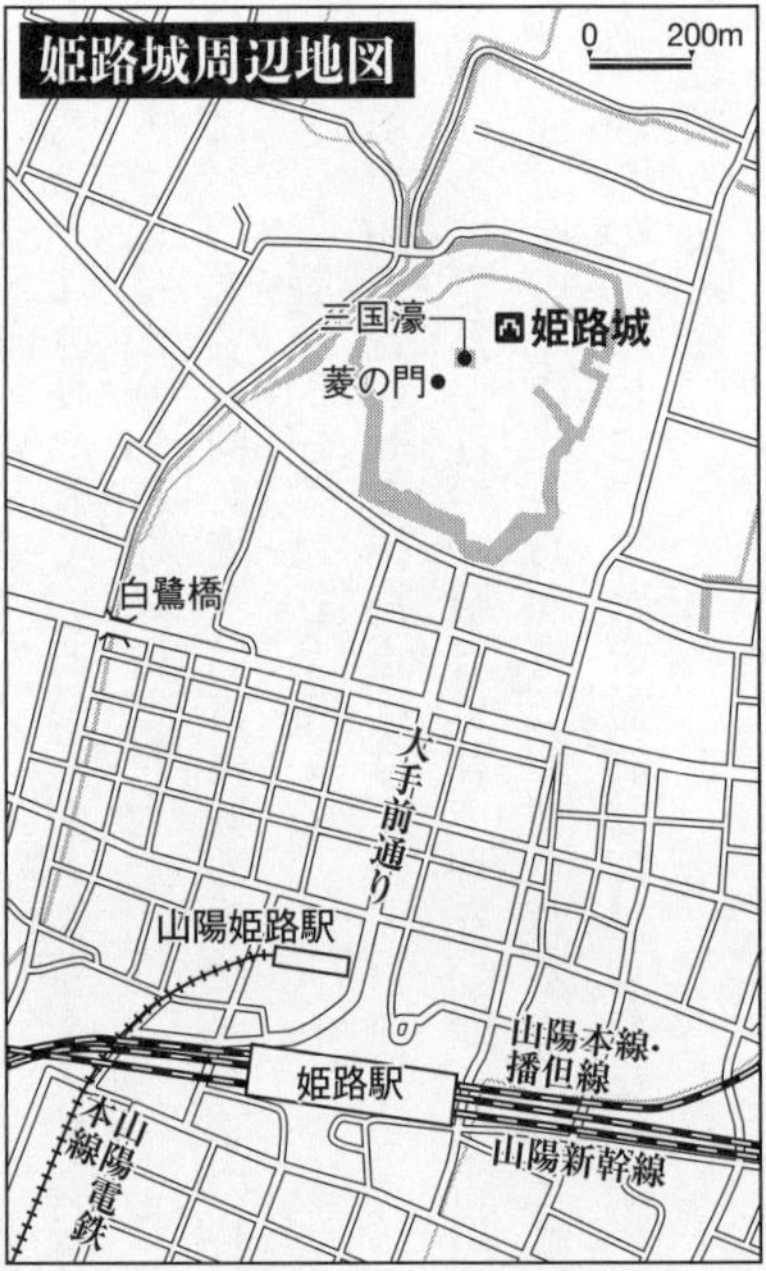
姫路城周辺地図
0
200m
三国濠
姫路城
菱の門
白鷺橋
大手前通り
山陽姫路駅
山陽本線・
播但線
姫路駅
山陽新幹線
山陽電鉄
本線

十二年一月　駿府《すんぷ》城の築城
〃　十三年四月　丹波篠山《たんばささやま》城の築城
〃　十五年二月　名古屋城の築城

まさに休む間もなくこき使われている。しかも工費や人件費は自分持ちなのだから、負担の大きさははかり知れないほどだった。

困窮の度合いはどの大名も同じで、名古屋城の手伝い普請の時、次のようなやり取りがあったと『慶長見聞記』は伝えている。

輝政と築城現場で顔を合わせた福島正則《まさのり》は、

「近年城の普請が多すぎる。江戸や駿府は仕方がないが、名古屋は大御所の庶子の住居ではないか。その工事に我らが再三駆使されるのは耐え難い。御辺《ごへん》は大御所の愛婿《あいせい》じゃ。我らのためにこのことを愁訴《しゅうそ》してはくれまいか」

不平まじりに頼み込んだ。

輝政が何とも答えられずにいると、横から加藤清正が、

「御辺は卒爾《そつじ》なことを言うものじゃ。今城普請に耐えられねば、すみやかに帰国して謀叛《むほん》するがよい。もし謀叛ができぬのなら、早々に大御所の下知《げち》に任せ、普

請に従わねばなるまい」

笑いながらたしなめたので、その場は丸くおさまったという。

この話からは、戦国生き残りの大名たちのやる瀬なさが伝わってくる。関ヶ原の戦いで家康に身方して大封を得たものの、徐々に牙を抜かれ爪をそがれ、幕府の言いなりにならざるを得なくなっていく。

しかも豊臣家を亡ぼそうとする家康の意図は明白なのだから、彼らの胸中はいっそう複雑だったにちがいない。

そうした状況で天守閣をきずけと命じられたのである。輝政の我慢の糸はプチッと切れただろうが、家康から百万石ちかい所領を与えられた身であれば、命令に逆らうこともできなかった。

「それなら見ていろ。誰にも真似のできない見事な城をきずいて、世の者たちのど肝《ぎも》を抜いてやる」

輝政は内向した攻撃心に突き動かされ、意匠と技術の粋をつくして天守閣をきずくことにした。

それが武士の一分をつらぬくただひとつの方法だと思い定め、全身全霊をかたむけて工事に取り組んだのである。そのおかげで姫路城はかくも美しく仕上がったのだが、やはり無理がたたったのだろう。輝政はそれから五年後に中風をわずらい、五十歳という若さで他界した。

城の完成を見ることは、ついに出来なかったのである。

姫路城の散策は楽しい。

姫山にそびえる天守閣は見る位置によって刻々と表情をかえ、しかも絶妙のバランスを保っている。城のいたる所に敵を迎撃するための仕掛けがめぐらしてあるので、戦国時代の戦い方が手に取るように分る。

本丸の大手門（桜門）を入ると、広々とした三の丸がある。

天守閣を正面に見ながら真っ直ぐに進むと、重厚で頑丈な菱《ひし》の門が立ちはだかっている。

ここをくぐって二の丸に入ると、中央には縦横二十メートルばかりの菱形の池がある。姫山の鞍部《あんぶ》を活かして作った三国濠《さんごくぼり》で、本丸に攻め上がろうとする敵に足がかりを与えないための工夫である。

今では菱の門から真っ直ぐに進み、い、ろ、は、に、ほの記号をふられた門を抜けて天守に入るのが主な通路とされている。だが輝政の頃には菱の門から右に折れ、る、ぬ、りの門を通って備前丸にある本丸御殿に上がった。

天守閣に入ってすぐに目につくのは、東西二本の通し柱である。天守閣は下の階から順に箱をつみ上げるように作られているが、それだけでは横からかかる力に弱いので、地階から六階まで二本の巨大な柱を通しているのである。

内部は柱や梁《はり》、板壁がむき出しになっている。

天守閣は居住用ではなく、敵に攻められた時に最後の砦《とりで》とする所だから、実用性を最優先して作られたのである。壁のいたる所にもうけられた鉄砲掛けや槍《やり》掛けが、当時の物々しい雰囲気を伝えている。

最上階の六層目に立つと、城下の町が眼下に見渡せる。しかも折り重なってつづく美しい屋根や城内の様子もながめられるので、見飽きることがない。

ここには刑部大神《おさかべだいじん》をまつった八天塔《はってんとう》が安置されているが、これには次のようないわれがある。

　慶長十四年（一六〇九）頃から、輝政は夜な夜な妖怪《ようかい》になやまされるようになった。そうした祟《たた》りをはらうために本丸の丑寅《うしとら》の方角（北東）に八天塔を建てたが、後になって天守閣に移したのである。

　この妖怪を宮本武蔵《むさし》が退治したという伝説があるが、はたして真相はどうだろう。

　輝政をなやませた妖怪とは、豊臣方が暗殺のために放った忍びだったかもしれない。あるいは築城に疲れ果てた輝政が、精神の病《やまい》をわずらって奇行におよんだことを隠すために、妖怪話を作り上げたとも考えられる。

　輝政が他界した二年後、家康は大坂の陣を起こして豊臣家を亡ぼした。さらに二年後の元和《げんな》三年（一六一七）、池田家は当主が幼少なことを理由に鳥取三十二万石に移封される。

　外様《とざま》大名は働くだけ働かせ、用済みになればお払い箱にするのが、この頃の幕府の非情な方針だったのである。

　代って城主となったのは、徳川家譜代の本多忠政（忠勝の子）だった。忠政の嫡男忠刻《ただとき》は、大坂城から逃れた千姫を妻としてこの城に住んだ。

この頃千姫が使用した部屋が、西の丸北端の化粧櫓《やぐら》にのこっている。千姫は毎朝この部屋をたずね、城外の男山八幡宮を拝して秀頼《ひでより》の冥福《めいふく》を祈ったという。一人だけ生き残って幸せになったことが後ろめたかったのだろうが、やがて千姫に二度目の不幸がおとずれる。結婚後十年目に忠刻は死に、三十歳にして江戸城の父秀忠《ひでただ》のもとにもどらざるを得なくなったのである。

人は歴史のうつろいの中でさまざまな悲喜劇を演じ、やがて不帰の客となっていく。

秀吉も家康も、そして池田輝政も例外ではないが、姫路城だけは今も美しい姿を保ち、世界中の人々を魅了しつづけている。

天守閣を正面から見上げると、鎧兜《よろいかぶと》に身をかためた輝政が、天下を睥睨《へいげい》するようにどっしりと座っている姿に見える。そう感じるのは、筆者《わたし》だけだろうか？

第三章　今治城、甘崎城【愛媛県】

——藤堂高虎が精魂込めた傑作

今治城

大坂城は海を抱く城である。

現在では沖まで埋め立てられているので往時をしのぶよすがとてないが、秀吉の頃には海が城下ちかくまで迫り、大型の船がさかんに出入りしていた。

信長が本拠地を安土《あづち》城から大坂城へ移そうと考えたのも、こうした海上交通の利便性に目をつけたからだ。大坂と博多を結び、やがて海外へと進出する壮大な構想を抱いていたのである。

秀吉がその構想を受け継いで大坂城をきずいたわけだが、関ヶ原の戦い以後、豊臣家にとって瀬戸内海はいっそう重要な地域となった。

理由は二つある。

ひとつはこの海が大坂の経済を支える大動脈だったからだ。

豊臣家は秀吉が残した莫大な金銀を大坂の大商人たちに貸し付け、利益の一部を利息として得ていた。つまり今日の銀行の役割をはたしていたわけで、大坂が繁栄すればそれだけ収入も上がっていく。

また大坂や堺の港に出入りする船から関税や港湾利用税を徴収していたので、経済が活性化して流通量が増大すれば、居ながらにして潤沢《じゅんたく》な利益を上げることができた。

それも瀬戸内海に面しているという地の利があればこそである。秀頼《ひでより》や淀殿《よどどの》が最後まで転封《てんぽう》を拒み抜いたのは、こうした経済的実権を失いたくなかったからだった。

もうひとつは、瀬戸内海が豊臣家に心を寄せる大名たちに守られていたからだ。関ヶ原の戦いの後、家康は意のままに大名家の取り潰《つぶ》しと国替えを行なったイメージが強いが、これは事実ではないことが近年の研究で明らかになってきた。家康は慶長《けいちょう》八年（一六〇三）に将軍になるまでは豊臣家の大老という立場にあり、秀頼や淀殿の意向を無視することはできなかった。それゆえ大名家に対する処罰や恩賞も、秀頼らの意向を反映したものにならざるを得なかったのである。

そう考えれば、家康が譜代の大名を一人も西国に配することができなかった理由がよく分る。薩摩《さつま》の島津家を処罰することもできなかったし、防長《ぼうちょう》二ヶ国に減封したとはいえ毛利《もうり》家を取り潰すこともできなかった。

しかも瀬戸内海を囲む枢要《すうよう》の地には、安芸《あき》広島に福島正則《まさのり》、伊予《いよ》松山に加藤嘉《よし》明《あき》、筑前《ちくぜん》福岡に黒田長政、肥後《ひご》熊本に加藤清正という豊臣恩顧《おんこ》の大名を配することになったのである。

こうした状況を打開するために家康ができたのは、娘聟《むすめむこ》の池田輝政《てるまさ》を播磨《はりま》姫路に、腹心とたのむ藤堂高虎《とうどうたかとら》を伊予今治《いまばり》に配することだけだった。豊臣家の牙城《がじよう》である瀬戸内海に南北から楔《くさび》を打ち込むことに、かろうじて成功したのである。

輝政が姫路城をきずいたいきさつについては第二章で記したので、ここでは今治城をきずいた高虎について触れてみたい。

興味深いのは、この二人が強い心の絆《きずな》で結ばれていたことだ。八歳年下の輝政の方が高虎に心酔していたようで、七男に政虎、九男に輝高という自分と高虎の名を組み合わせた命名をしている。

これは偏諱《へんき》（主君や恩人の名の一字を用いること）の習慣があった当時としては、きわめて重要な意味を持つことなのである。

今治は家康にとって対豊臣戦略の最前線だった。

町の北には瀬戸内海航路の要地である来島《くるしま》海峡がある。この狭い海峡を満潮時には西から東へ、干潮の時には東から西へ、十二ノット（時速約二十二キロ）もの速さの潮が流れる。帆と艪《ろ》を使って航行していた時代には、この潮が自然のエンジンとなって船を運んでいたのだから、この海峡の持つ意味の重大さははかり知れないほどだ。また今治は加藤嘉明の所領ととなり合っているし、福島正則の所領とは瀬戸内海をはさんで向かい合っている。このように経済的にも軍事的にも重要な拠点を掌握するために、家康は高虎に伊予半国二十万石を与えて統治にあたらせた。これに応えて高虎が行なったのが、今治城の建築と甘崎《あまざき》城の大改修だったのである。

藤堂高虎といえば、刀を差した近江《おうみ》商人でやたらと勘定高いとか、機を見るに敏《びん》で次々に主人を替えた変節漢だと評されることが多いが、実像はまったくちがう。

彼は身長二メートルちかい巨漢で、若い頃にはあまたの合戦で先陣の手柄を立てた武勇の士であった。

近江国藤堂村（滋賀県甲良町《こうら》）の出身で、父が浅井長政《ながまさ》の重臣だったので若い頃には浅井家に仕えたが、小谷城《おだに》に籠城中に上司と争ったことが原因で出奔し、二十一歳の時に秀吉の弟秀長《ひでなが》に召し抱えられた。

この時の禄《ろく》が三百石なのだから、武者としての実力がケタはずれだったことがよく分る。

また、「寝屋《ねや》を出る時よりその日を死番《しにばん》と心得るべし。かように覚悟極むるゆえに物に動ずることなし」という家訓を残したほど、苛烈《かれつ》な生き方をした男でもあった。

秀長のもとで二万石の禄を食《は》むようになってからは、築城の名手として天下に名を馳せ、和歌山城、伏見城などの建築に現場の指揮者としてかかわっている。

近江の生まれで琵琶《びわ》湖水運の重要性がよく分っていたせいか、紀州の粉河《こかわ》城主になった頃から水軍の育成に力をそそいだ。

そうした矢先に大和《やまと》郡山《こおりやま》百万石の領主となっていた秀長が五十二歳で病死し、跡をついだ秀保《ひでやす》も悲惨な変死をとげた。

これは秀頼に権力を集中しようともくろむ秀吉の近臣たちが暗殺したという見

方が一般的で、郡山百万石も跡継ぎがいないという理由で取り潰されてしまう。高虎はこの措置《そち》に抗議するために、高野山に入って出家したのである。

あわてたのは秀吉だった。高虎ほどの武士が出家してまで抗議したとなれば、諸大名や世論に与える影響ははかり知れない。そこで高野山に使者を送り、伊予宇和島《うわじま》七万石を与える条件で現役に復帰させた。

豊後《ぶんご》水道にのぞむ宇和島に配したのは、高虎の水軍の将としての力量を高く買っていたからだった。

秀吉の期待にたがわず、高虎は朝鮮出兵のおりには伊予水軍をひきいて赫々《かくかく》たる戦功を上げた。秀吉はその功にむくいるために海軍総督（海軍の最高司令官）に任じ、一万石を加増したのである。

家康と出会ったのは天正《てんしょう》十四年（一五八六）、三十一歳の時である。秀吉との和解がなって上洛《じょうらく》する家康のために、聚楽第《じゅらくだい》の屋敷の造営を担当したことから親交がはじまった。

高虎にとって家康は、十五歳の頃に姉川《あねがわ》の合戦で戦った相手である。この時の家康の見事な采配ぶりが目に焼きついていたために、高虎は家康を深く敬愛していた。

その気持を表わすために豪華な台所門を自費で建造したことが、終生変わらぬ親交のきっかけとなったのである。

秀吉が他界し、豊臣家を二つに割った争いが起こると、高虎はためらうことなく家康に与《くみ》し、関ヶ原の合戦を勝利にみちびく働きをした。

その功により伊予半国を与えられ、今治に移った。それまで今張と書いた地名を今治と改めたのは、この時である。

京都駅から新幹線に乗り、岡山で特急しおかぜに乗り継ぐと、三時間半ほどで今治に着く。近頃は造船業が好調で、街は活気をおびている。どことなく南国に来たと感じさせるのは、空の明るさと海の青さのせいだろう。

駅前でレンタカーを借り、今治城へ向かった。

燧灘《ひうちなだ》に面した美しい城である。内堀に囲まれた本丸、二の丸、三の丸しか残っていないが、昭和五十五年（一九八〇）に天守閣が再建されて注目を集めた。

石垣や櫓《やぐら》も順次修復され、このたび城の表看板ともいうべき鉄《くろがね》御門が再建された。

これで城の中心部は高虎時代とまったく同じ姿でよみがえり、幅十五メートルほどの内堀に美しく映えている。城の北部には船入りがあり、今も今治市の主要港として用いられている。

鉄御門の再建は「今治城築城・開町400年の祭」の記念事業として行なわれたもので、鉄張りの櫓門と白壁の多聞櫓《たもんやぐら》が美しい。

多聞櫓は総床面積七百平方メートル（約二百十坪）にもおよぶ長大なもので、建設費は八億円以上かかったが、半額は市民の寄付によってまかなわれた。

今治城と藤堂高虎に寄せる市民の想いは、それほど熱いのである。

今治城は高虎が初めて独自のスタイルを確立し、それが江戸時代初期にきずかれた城の手本になったという点で重要な意味を持っている。

その特長はおおよそ次の四点である。

一、層塔《そうとう》型の天守閣を用いたこと。

秀吉の時代までは大屋根に望楼《ぼうろう》をのせた形の天守閣（たとえば安土城や聚楽第など）が一般的だった。しかも敷地に合わせた設計をしているので、柱などの切り込みが複雑で建築に時間がかかる上に、よそに移築することも難しかった。

ところが桝《ます》を重ね合わせたようにして作る層塔型の天守閣は、現代のビルのように規格が決まっているので、建築時間が飛躍的に短くなった。しかも簡単に分解し、他の場所に移すことが可能になった。

現に今治城の天守閣は解体して大坂に運ばれ、慶長十五年（一六一〇）に丹波《たんば》亀山《かめやま》城（京都府亀岡市）に移築されているのである。
二、海ぞいの低湿地にも城をきずけるようになったこと。
従来の城は、敵に攻められないように山の上にきずくことが多かった。山城、平山城はもちろん、町中の平城といえども小高い丘を選んで建てるのが普通だった。ところが高虎は港と一体化した城にするために、海岸ぞいの低湿地を埋め立てて城をきずいたのである。

腐りにくい松の木を低湿地に杭《パイル》として打ち込み、その上に松の木を縦横に敷きつめて土を盛るのである。これはイタリアのヴェネチアなどでも用いられた方法だから、宣教師たちから技術を学んだものと思われる。
三、港と一体化した設計。

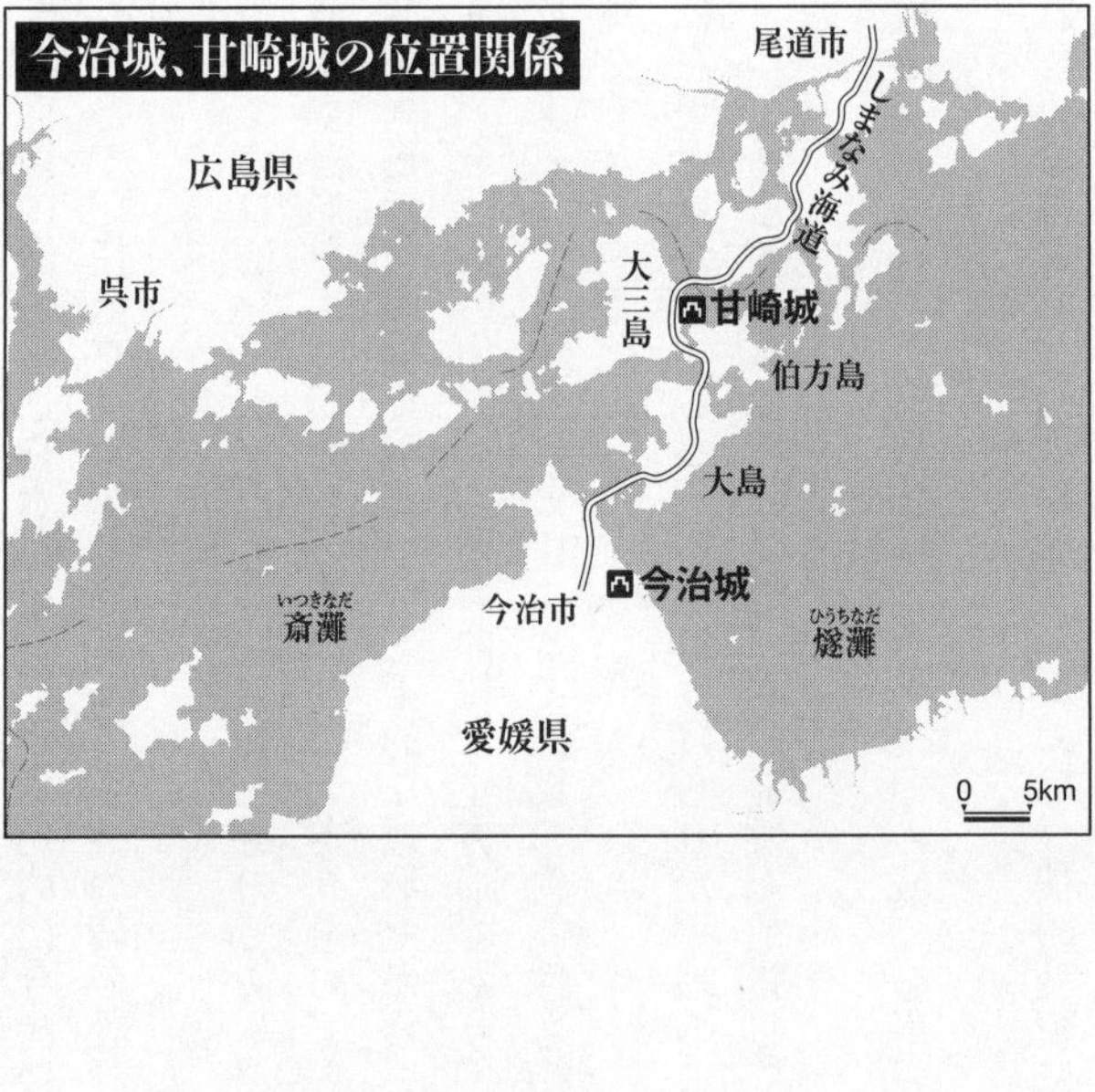

今治城、甘崎城の位置関係

これは高虎が瀬戸内海の水運や水軍を掌握するために今治に配されたことと密接に関係したことで、任務をはたすためには港を持つ城の設計がどうしても必要だった。

前項の技術はこの目的を果たすために採用したものである。

四、方形の曲輪《くるわ》や桝形《ますがた》を用い、曲輪のまわりに犬走りをめぐらした設計。

方形の曲輪や桝形は、埋立て地という人工的な地形だからこそ用いることができたものである。今治城の中堀の内側の曲輪は正方形であり、鉄御門もほぼ真四角の桝形虎口《こぐち》である。こうすることによって防御の機能性も櫓の強度も高まり、建築時間も短くできた。

犬走りとは石垣と堀が接するところにもうけられた平地のことで、今治城は二間もの幅をとってある。これは埋立て地の弱い地盤を補強して、石垣を支えるためのものだ。

高虎が完成させたこうした築城法は、その後他の城でも用いられるようになった。

今日残されているほとんどの城が層塔形なのは、彼の功績によると言っても過言ではないのである。

対岸の尾道《おのみち》と今治とは、現在、しまなみ海道によって結ばれている。大島、伯方《はかた》島、大三《おおみ》島など、陸地と見まがうばかりの大きな島を巨大な白い橋が結び、快適に車を走らせることができる。

来島海峡には来島が、大島と伯方島の間には能《の》島があり、村上水軍の拠点となった。

二つの島はきわめて小さい。潮の流れの速い海を外堀とした海城で、ちょうど洋上に浮かぶ軍艦のようである。

村上水軍はこのあたりの海や潮流について熟知していたので、通航する船から税を取ったり水先案内をつとめたりして収入源としていた。

また海戦にも無類に強く、彼らがどの大名に身方するかで勝敗が決する場面が戦国時代には何度もあった。毛利元就《もとなり》が陶晴賢《すえはるかた》を討ち取った厳島《いっくしま》の戦いは、その一例である。

大三島の東にある甘崎城も、水軍の城のひとつだった。

この瀬戸（狭い海峡のこと）では満潮の時には潮が北から南に、干潮になるとその逆に流れる。速さは十ノット（時速約十八キロ）にもなり、中国地方と四国を結ぶ主要な航路となっていた。

高虎がこの城の改修に着手したのは、慶長六年（一六〇一）のことである。むろん対岸にいる福島正則や豊臣派の西国大名をにらんでのことだ。

〈此年公、甘崎の城再造ありて須知《すち》出羽をして守らしめ、安芸の福島氏の動静を監察せしめらる〉

高虎の事績を記した『高山公実録』にそう記されている。

その規模は壮大なものだった。

城のあった古城島は、大三島の沖百六十メートルのところにある縦長の島で、縦の長さは約百二十メートル、横幅は約十六メートルほどである。

高虎はこの島を近世城郭として活用するために、周囲の海中に石垣をきずき、島のまわりを埋め立てて新しい曲輪を造成した。

藤堂藩が編んだ『公室年譜略』に、この城の詳細図がのっている。それによると埋め立てて作った曲輪は島の西側で最大幅約三十二メートル、東側で約二十五メートル。石垣の高さは六メートルにもおよぶ。
海に浮かぶ軍艦のようだった小さな島は、まわりに城地と城門を持つ堂々たる城に生まれ変わり、高虎の重臣である須知出羽守が将兵とともに守りについたのだった。

現在、この埋立て地は消失している。
大坂夏の陣で豊臣家が滅亡したために、甘崎城の役割も終った。そうなると埋め立てた部分は潮の流れの邪魔になり、瀬戸を通る船の安全をおびやかす。島民たちにとっては無用の長物と化したようで、大量の石垣は持ち去られ、埋立て地の土砂は速い潮にけずり取られて流失したのである。

それがいつ頃のことか定かではない。
元禄《げんろく》四年（一六九一）にドイツ人医師ケンペルがこの地を船で通過し、「一個の水中よりそびゆる堡塁《ほうるい》、又水砦あり」と『日本誌』に書き留めているので、その頃までは往時の姿をとどめていたようである。

大三島では江戸後期から明治にかけて新田開発のために干拓が行なわれ、甘崎城の石垣が護岸工事に用いられている。埋立て地が消失したのはそれ以後のことと思われる。

城跡をたずねようと小舟に乗って島に向かった。大潮の干潮時には歩いて砂洲をわたれるようになるというが、残念ながらその時期ではない。地元の人に舟を出してもらって上陸しようとしたが、無人の島には桟橋もないので着岸するのは容易ではなかった。

やむなく上陸を断念し、島をゆっくりと回ってもらうことにした。高虎がきずいた石垣を、東南の角に一ヶ所だけ見ることができた。干潮の時には、ここから左右に延びる石垣の列を見ることができるという。

このあたりは干満の差が大きく、最大で三メートルちかい。干潮の時に海の底に石垣の基底部を積み上げ、徐々に高くしていったのだろう。

最近の調査によって、海底の岩礁から大量のピット（柱穴）が列状になって発見された。これは高虎より古い時代に、柱を立てて桟橋や柵をきずいた跡だという。

甘崎城は天智《てんじ》天皇の時代までさかのぼる古い歴史を持つ。西暦六六三年に白村《はくすき》江《のえ》で唐と新羅の連合軍に敗れた後、敵の来襲にそなえて甘崎、来島、鹿島《かしま》（松山市の沖）に海城をきずいた。

この頃から畿内防衛の生命線と意識されていたことが、この海域と海峡の重要性を如実に物語っている。

同じく重要性を物語るものが、大三島にはもうひとつある。日本総鎮守という社号を持つ大山祇《おおやまづみ》神社である。

この神社は神武《じんむ》天皇が東征した時、先陣として伊予にわたった小千命《おちのみこと》が、先祖の大山積大神（天照大神《あまてらすおおみかみ》の兄）をまつったことに由来するという。

天孫系の神々（民族）が日本に征服王朝を打ち立てる時に、最前線とした場所なのである。日本総鎮守という社号は、東征の無事を祈ってつけられたものと思われる。

歴代朝廷や武将たちの尊崇もあつく、神社の国宝館には、源頼朝や義経が寄進した鎧《よろい》や、護良親王がおさめた太刀《たち》など、目もくらむばかりの宝物が展示されている。

中でも白眉《はくび》は、戦国時代初期に大三島を守る戦いの際に神官の娘である鶴姫《つるひめ》が用いたと伝えられる女性用の鎧である。胸のふくらみと腰のくびれを持つ紺糸威《こんいとおどし》の鎧は、これを着て戦った女性の健気《けなげ》さを切々と訴えかけてくるのである。

今治城が完成したのは慶長九年（一六〇四）九月、高虎が入城したのは慶長十三年春のことだ。この年の八月に、伊賀、伊勢への転封を命じられたために、丹精こめた城には半年ばかりしか住むことはできなかった。

この頃の城普請は軍役と同じなので、せっかく建てた城に住めないと文句を言うことはできなかったが、面白いことに高虎は今治城の天守閣を持って引っ越すことを許されている。

ところが船で大坂まで運び、倉庫に保管していた時に、丹波亀山城の築城を命じられた。

そこで伊賀上野に持っていくはずだった天守閣を、亀山城で用いることにしたのである。

〈伊賀上野の殿主に組建《くみた》つべしと御用意ありける処に、亀山の城郭専《もっぱら》なるによって駿府（の家康）へ仰上げられけるは、幸いに今治の殿主大坂にあり、この殿閣をそのままにして丹州亀山に造立なすべしと望ませたまう。大御所公（家康）御喜悦の上意にて高虎公へこれをまかす〉

『高山公実録』の慶長十五年（一六一〇）閏《うるう》二月の項にはそう記されているが、これはどうも怪しい。

おそらく高虎と家康は始めから今治城の天守閣を亀山城に移すつもりだったが、豊臣家や西国大名の手前をはばかって回りくどい芝居をしたように思われる。

天守の大きさも、「一重目、九間四尺（約十七・四メートル）四方。二重目、八間半四方。三重目、六間四方。四重目、四間半四方。五重目、三間四方」と、明確に記されている。

これ以後今治城は天守閣のない城になったが、昭和五十五年（一九八〇）におよそ三百七十年ぶりに再建された。その学術的な決め手のひとつになったのが、藤堂家が残したこの記録だった。

今治城の美しい姿をながめながら、こうした来歴に思いを馳せるのも、城を訪ねる旅の楽しみなのである。

第四章　下津井城【岡山県】

――大坂方の弾薬補給を遮断するための防衛ライン

下津井城跡（写真提供・倉敷市）

ＪＲ岡山駅から瀬戸大橋線に乗り換え、二十五分ほどで児島駅に着いた。

駅は巨大で駅前は広々としているが、商店街や飲食店街は見あたらない。瀬戸大橋の開通にともなって作られた新しい駅なので、従来の生活空間からは離れた場所に位置している。

客待ちの長い列を作っているタクシーに乗った。

「下津井《しもつい》城までお願いします」

「えっ？　何ですか」

運転手は初めて聞いたようなリアクションをした。

「下津井城です。港の近くの」

不快さをおし殺してくり返した。

こちらは胸はずませて訪ねてきたのに、地元のタクシーが知らないとは何ごとだと言いたかった。

「そら、城はありますけど、あんなとこ行ったかて何もありませんよ」

「いいですよ。城があれば」

「お客さん、観光とちがいますの」

「ちがいます。城の研究家です」腹立ちまぎれに大きく出た。　郷土の歴史も知らない運転手を折伏《しゃくぶく》（？）してやりたくなったからである。

「あんなとこに本当に城がありましたんやろか」

運転手は仕方なさそうに車を出した。

「ありますよ。今でも石垣や曲輪《くるわ》の遺構《いこう》が残っています」

「そやけど建物もないし、城いうたかて立派なもんとちがいますやろ」

「立派なものでしたよ。五層の天守閣があったという記録もあります」

こちらは意地になって、下津井城が大坂城を包囲するために作られたことや、大坂夏の陣で豊臣家が亡びたためにその役目を終え、幕府の一国一城令に従って取りこわされたことを語った。

走ること十数分で目的地に着いた。料金は千三百三十円。これでは一時間以上も客待ちしていた運転手としては、そっけない言葉のひとつもあびせたくなるのかもしれない。

あるいはこの地方の言葉や気質が、他所者《よそもの》にはそっけなく感じられるのだろうか。

下津井城は瀬戸内海にせり出した半島の南端にあった。児島の名が示す通り、かつてここは島であった。岡山との間には吉備《きび》の穴海《あなうみ》と呼ばれる海が横たわっていて、船もここを通っていたが、旭川、足守川《あしもりがわ》、高梁川《たかはしがわ》がはこんだ土砂がつもって浅瀬になり、やがて干拓されて陸つづきになった。そのために戦国時代の末期頃から船は児島の南側をとおるようになり、下津井港は瀬戸内海航路の主要な港になったのである。

下津井港は軍事的にもきわめて重要だった。朝鮮出兵の頃、秀吉は釜山《プサン》から大坂までの次舟《つぎふね》の制を定め、現地からの情報を一刻も早く伝えさせようとした。その港として選ばれたのが、備後《びんご》の鞆《とも》の浦《うら》、下津井、播磨《はりま》の室津《むろつ》、明石《あかし》なのである。

しかも下津井から四国の坂出までは、十キロほどしか離れていない。中国地方と四国とがもっとも接近している場所で、瀬戸内海を通過する船を監視するにはもってこいの場所である。

家康も大坂城包囲網をきずくにあたって、この地をきわめて重視した。慶長《けいちょう》八

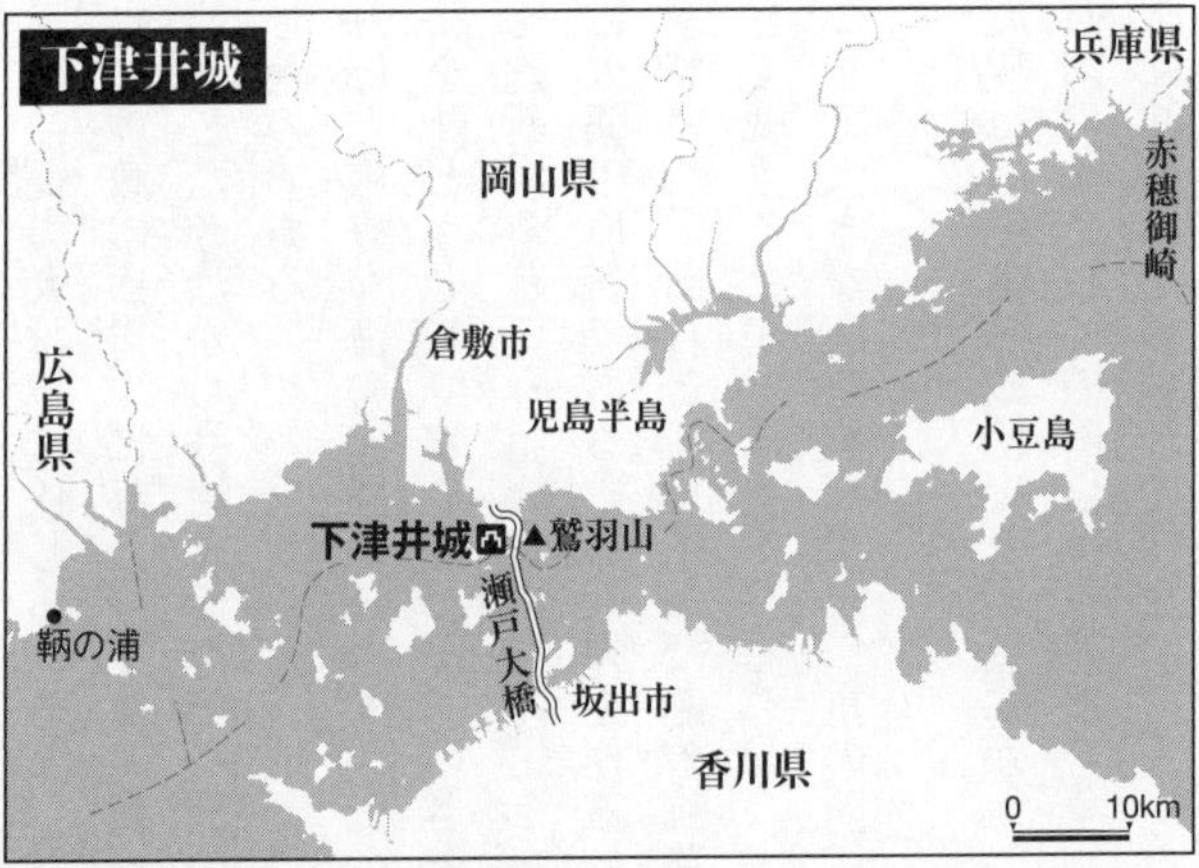
下津井城
兵庫県
岡山県
赤穂御崎
倉敷市
広島県
児島半島
小豆島
下津井城
鷲羽山
瀬戸大橋
鞆の浦
坂出市
香川県
0
10km

年（一六〇三）に征夷《せいい》大将軍に任じられると、さっそく備前《びぜん》二十八万石を孫にあたる池田忠継《ただつぐ》（輝政の次男）に与え、下津井城を大改修するように命じた。第三章で紹介した今治《いまばり》から甘崎《あまざき》までを第一次の、下津井から坂出までを第二次の防御線としたのである。

家康がこれほど厳重な海の包囲網をきずいたのは、豊臣方の大名を牽制《けんせい》し、大坂城との連絡を断とうとしてのことだが、いざ合戦となった場合には大坂城への弾薬の補給を遮断するという狙《ねら》いもあった。

この当時は火薬の原料である硝石《しょうせき》も弾を作るのに用いる鉛も、東南アジアからの輸入に頼っていた。硝石と鉛を積んだ船の航路さえ断ち切れば、大坂城はやがて弾薬が尽きて戦うことができなくなる。

家康はそこまで大きな戦略を立て、二重の防御ラインをめぐらしたのである。

下津井の歴史は、備前の政治史と密接にかかわり合っている。

毛利《もうり》氏が西国の雄として織田信長と覇権を争っていた頃には、毛利の家臣勝間《かつま》田《た》重晴が下津井城主に任じられていた。

ところが本能寺の変の後に秀吉と毛利氏の間で境界の画定がおこなわれ、備前は宇喜多《うきた》秀家の領国となった。そこで下津井城にも秀家の家臣の浮田河内守《かわちのかみ》が入った。

城を明け渡した勝間田重晴は、天正《てんしょう》十五年（一五八七）に福岡県築上郡《ちくじょうぐん》でおこなわれた黒田長政と宇都宮鎮房《しずふさ》との戦いに黒田方として参陣して討死している。史書には「毛利方の援将」と記されているので、毛利家が黒田家を支援するために勝間田をつかわしたようである。

その勇猛な戦いぶりは、地元の人々の記憶に残ったのだろう。彼が討死した築上郡築上町岩丸《いわまる》の峠は、今日でも勝間田越えと呼ばれている。

宇喜多秀家は関ヶ原の合戦に西軍として出陣し、所領をすべて没収されて八丈島に流罪となった。その後に備前岡山に入封したのは、寝返り者として有名な小早川秀秋である。

下津井城には秀秋の家老である平岡石見守《いわみのかみ》頼勝が入るが、この頼勝こそ関ヶ原の合戦の最中に秀秋に詰め寄り、東軍に寝返らせた張本人だった。

その頼勝を下津井城主にして二万石を与えたのは、家康の勧めによるものと思われる。家康はそうすることによって頼勝の功にむくいると同時に、枢要《すうよう》の地である下津井を自分の影響下におこうとしたのである。

頼勝はその意を受けて下津井城の修築に着手した。かつて児島の領主の居城だった常山《つねやま》城を取りこわし、櫓《やぐら》や城門を下津井城に移築して本格的な城郭の建設をめざしたが、慶長七年（一六〇二）に秀秋が二十一歳で他界し、小早川家は取りつぶしとなった。

そのために頼勝も下津井を去って牢人となったが、二年後には家康から一万石を与えられた。ところがその三年後に四十八歳の若さで他界している。関ヶ原の合戦から七年後、転変多き人生の幕を閉じたのである。

慶長八年（一六〇三）二月、家康は待望の征夷大将軍職につき、豊臣家の大老という地位から抜け出すことに成功した。

こうなれば遠慮はいらぬとばかりに、小早川家が断絶となって空いていた備前を、娘の督姫《とくひめ》と池田輝政《てるまさ》の間に生まれた忠継に与えた。

忠継はまだ五歳の幼児である。そこで輝政の嫡男利隆が名代《みょうだい》となって岡山城に入り、下津井城主には輝政の弟河内守長政が任じられた。

輝政が播磨と備前、それに淡路《あわじ》の一部を合わせて百万石の大名になり、姫路城の築城工事にかかったことは第二章に記したとおりだが、長政も家康の命令によって下津井城の大改修に取りかかった。

実は長政を城主にしたのも家康の内意であったことが、長政が埋葬された下津井の円福寺《えんぷくじ》に残された文書に記されている。

〈下津井は西国の手先に候間《あいだ》城取り立て、家老池田河内を指置《さしお》き申すべき旨権現様（家康）御内意にて御取立て成しなされ候〉

城を改修して長政に守らせるようにと、家康が直々に申し付けている。ここにも大坂城包囲網をきずこうとする家康の明確な意図が読み取れるのである。

下津井城は港の北側につづく長い尾根を城地としている。

港を眼下に見下ろす西の丸（標高約八十三メートル）から、尾根の頂《いただき》にきずかれた本丸（標高約九十メートル）、尾根の東の端に位置する東の丸（標高約六十五メートル）まで、その全長は一キロにもおよぶ。

それぞれの曲輪を支えるためにきずかれた石垣の総延長は千六百メートルにもなり、石垣の上には多聞櫓《たもんやぐら》をめぐらし、要所には二階建てや三階建ての櫓を配していた。

平成十年に行なわれた発掘調査によれば、本丸天守台の石垣は二・七メートルの高さがあり、広さは十六平方メートルだったという。一辺四メートルの正方形である。

古書には五層の天守が建っていたと記されているので、五重塔くらいの層塔《そうとう》型の建物だったはずである。

尾根が狭いので城地はさほど広くないが、長々とつづく石垣や多聞櫓は、瀬戸内海を航行する船から見上げれば天空に浮かぶ城のような威圧感に満ちていただろう。

家康はこうした視覚的な効果を計算に入れ、姫路城におとらぬ荘厳な城をきずいて西国大名を畏怖せしめよと、長政に命じたにちがいない。

長政はこの命令に忠実に従い、慶長十一年（一六〇六）には見事な城を完成させた。しかし翌年に駿府《すんぷ》城の手伝い普請に出役《でやく》している最中に病気になり、国に戻る途中に伊勢で病死した。

行年《ぎょうねん》三十三歳。彼もまた兄輝政と同じように、家康のために働きづめに働いて命を燃やしつくしたのだった。

タクシーをおりたのは城の北側だった。

美しく整備された道を五分ほど歩くと、西の丸にたどりついた。馬場と呼ばれる平坦地と、石垣をきずき上げた櫓の跡がある。

大坂へ向かおうとする西国大名の目に最初に飛び込んでくるのは、この西の丸の櫓である。高さ十一メートルと伝えられる石垣の上には、天守閣におとらぬ立派な櫓がそびえていたにちがいない。

ここからのながめは素晴しい。島が点々と浮かぶ瀬戸内海を遠くまで見渡すことができるし、城の立地の良さも一目で分る。

南は海に面し、北から西にかけて神道山《しんとうざん》、大向山《おおむかいやま》、燈籠崎《とうろうざき》の山が外輪山のように半円形に城を取り巻き、自然の城壁をなしている。

西には港が深く湾入して潟《かた》をなし（現在は埋め立てられて団地となっている）、北にはなだらかだが底の深い谷が走り、南の海には浄山《じょうやま》という小高い山があって出丸《でまる》の役割をはたしている。

弱点があるとすれば東側だけだろうが、こちらにも岩場の多い鷲羽山《わしゅうざん》が人の接近を拒むようにそびえているし、城山の尾根は南北の幅が狭いので取りつきにくい。

しかも東から西に四つの曲輪と堀切があって、行く手をはばんでいるのである。眼下に見える下津井港は、間口が広く船が接岸できる面積も広い。船頭たちが広めたという「下津井節」に、

〽下津井港はヨ　はいりよて出よてヨ
　まともまきよて　まぎりよてヨ

と謡われた天然の良港である。

「真艫《まとも》巻きよて」とは船の後方からの風を帆に受けやすい、「間切《まぎり》よて」とは斜めからの風を受けて走りやすいという意味だ。

地形ばかりでなく風向きや潮の流れが良くなければ、船頭たちに好かれる港にはならないのである。

西の丸の東には二の丸と本丸があり、幅の広い堀切で遮断されている。今は埋

められて細い通路になっているが、往時は引き上げができる橋が渡されていたものと思われる。

堀切を渡ってすぐの所に、南北にきずいた長方形の石塁がある。古図にはその南側が大手と記されているので、西の丸と大手口から攻めて来る敵にそなえた櫓があったのだろう。

本丸はけっこう広い。二十メートル四方くらいの平坦地で、北側に天守台の跡がある。

本丸の一段下を二の丸が取り巻き、さらに下に細い通路がもうけてある。これは城を横に移動して曲輪同士の連絡を取り合うための犬走りのようである。

本丸の東に三の丸がある。標高は約七十三メートルで、本丸より十五メートルほど低くなっている。

三の丸から本丸に向かって延びる石垣は比較的保存状態が良く、千六百メートルにもおよんでいたという往時の姿を彷彿《ほうふつ》させる。高さは五メートルほどで、石垣に取りついた敵に横矢を射かけるための張り出しもうけてある。

石垣には自然石をそのまま使った野面《のづら》積みの部分と、割り石を用いた打ち込みはぎの部分があるが、割り石には刻印をしるされたものが見受けられる。

これは普請にたずさわった石工たちが、自分の石であることを示すために刻んだもので、地元の史家の調査によって二十八種類が確認されている。

それほど多くの石工が参加したとすれば、この城が他の大名も動員してきずかせた「天下普請」だった可能性も浮上してくる。

家康の内意による築城なのだから、周辺の大名たちも石材と石工を船で送ったのではないだろうか。

三の丸の東には深い堀切があり、そこを越えると中の丸、東の丸へとつづいている。実はこの二つの曲輪が古い時代の下津井城で、堀切より西側の曲輪は宇喜多秀家の時代にきずかれたものだ。

秀吉の朝鮮出兵の頃には下津井は次舟の基地になっていたのだから、港のすぐ側に城をかまえる必要があったのだろう。

池田長政は城下町の建設にも尽力している。

それまで下津井は船宿もない寒村だったが、長政は港にそって西町、中町、東町をおき、城山のふもとの高台には寺を配して防衛線とした。

城主の居館や家臣たちの屋敷は、城の北側のゆるやかな斜面にあったという。三の丸の東の堀切をくだって港に向かおうとしたが、道は山すそを取り巻く形に複雑に折れ曲がり、なかなかたどり着くことができなかった。これも城の防御のためにわざと道を折り曲げたなごりかもしれない。ようやく見つけた道は、浄山に向かって真っ直ぐに延びていた。今は祇園《ぎおん》神社の境内になっている小高い山には城の出丸があり、三層の櫓が建っていたという。

神社に参詣して取材の無事を祈った後、港町の散策に出た。町の中心部は下津井漁港に面した一帯で、倉敷市の町並み保存地区に指定されている。港にそって細い道が走り、家や土蔵がびっしりと立ち並んでいる様子は、鞆の浦によく似ている。車社会になる前の町並みには人の歩幅にそったやさしさとあたたかさがただよっている。

テーマパークである「むかし下津井回船問屋」に立ち寄ってみた。江戸時代の回船問屋の母屋《おもや》やニシン蔵を、当時に近い形で復元したものだ。巨大なニシン蔵は、北前船《きたまえぶね》が東北や北海道から買いつけてきた俵詰めのニシン粕《かす》や昆布を保存していたものだ。

干拓とニシン粕とジーンズの三題噺《ばなし》がある。

児島は吉備の穴海の干拓によって岡山と陸つづきになったが、そこを水田にするには土壌の改良が必要だった。そこで綿の木を植えて木綿を生産することにしたが、その肥料にニシン粕を用いた。

そうして生産された綿が、倉敷や児島の織物業のみなもとになった。そして今や日本のジーンズ生産のメッカとなっているのである。

ニシン蔵は「蔵ほーる」になっていて、瀬戸内海の幸を肴《さかな》にビールや酒を楽しむことができる。

テーブルの上には焼きたてのあなごや揚げたてのふぐ、いいだこの煮付けなどが並べてあり、腹をへらした身にはこたえられないふくよかな香りを放っていた。

ひや酒を頼んで、一切ずつ食べてみた。

どれもおいしかったが、あなごは絶品だった。身のしまりも味の深みも、たれをつけた焼き方も申し分がない。旬の食材を新鮮なうちに食べるのが、やはり何よりの馳走《ちそう》なのである。ついでながら酒もうまい。

こんな辺鄙《へんぴ》な所にどうして上等の造り酒屋があるのだろうといぶかったが、児島は昔から酒造りがさかんで、「児島酒」は都への献上品として珍重されていた。慶長六年（一六〇一）の公家の日記にも、幾度となく登場しているという。おそらく諸国から運ばれた米を保管し、相場が下がった時には酒にして付加価値を高めていたのだろう。流通と商売の先進地らしい賢い運用法である。

夜は瀬戸大橋のちかくのホテルに泊った。

翌朝は午前七時が干潮だった。水位が二・五メートルほども下がり、島々の岩場の黒く湿った地肌がむき出しになっている。ちょうど溜池から水を抜いたような感じだった。

干満の時の瀬戸内海の潮の流れの速さも、初めて目のあたりにした。引く時には川のように流れ去っていく。満ちる時にはさざ波が折り重なって押し寄せてくる。上げ潮という表現がぴったりだと、初めて実感することができた。

これでは潮の干満を利用して航海する方法が古くから用いられたのは当然で、港もその航法に適した所が発展してきたのである。

慶長二十年（一六一五）五月、豊臣家は大坂夏の陣で亡ぼされた。徳川幕府はその直後の閏《うるう》六月に一国一城令を発し、諸大名の居城以外はすべて取りこわすように命じた。

大坂城包囲網の一環としてきずかれた下津井城も、役割を終えて廃されることになった。

城主だった池田出羽守由成《でわのかみよしなり》も、倉敷市内の天城《あまき》に陣屋をかまえて移り住んだ。取りこわした城の一部は、天城の寺々に寄進されたという。

しかし、下津井が瀬戸内海の要港であることは変わらない。岡山藩では西の丸跡に遠見番所《とおみばんしょ》を、港の側には瀬戸番所をおいて航行する船の監視にあたった。参勤交代の西国大名や朝鮮通信使、オランダ人の江戸参府の一行なども、この番所に届け出をしてとおったという。

第三章で、ドイツ人医師ケンペルが甘崎城について記した文章を紹介したが、彼はその後下津井港の沖を通過し、「下津井の町には四百もしくはそれ以上の人家があり、三つの地区に分かれる」という記録を残している。

城はなくなったものの、下津井は海の交易の拠点として大きな発展をとげたのである。

第五章

彦根城【滋賀県】

――東西の境目に位置する包囲網の要

彦根城

彦根城といえば、今や「ひこにゃん」である。二〇〇七年の国宝・彦根城築城400年祭のために作られたマスコットキャラクターで、赤い兜《かぶと》をかぶった愛敬《あいきょう》たっぷりの猫が大人気となった。赤い兜は井伊の赤備えをあらわしたものである。

彦根市が総力をあげて取り組んだ400年祭も大成功で、観光客は二百四十三万人、経済効果はおよそ三百三十八億円にのぼったという。

この400年祭のイベントとして行なわれた公開シンポジウムに、私も参加させていただいた。『奸婦《かんぷ》にあらず』を上梓された諸田玲子さんたちと、琵琶《びわ》湖や近江の歴史について話をした。

その機会に、井伊直弼《なおすけ》と村山たかの悲恋の舞台を、諸田さんに案内してもらった。

彦根駅の東にある天寧寺《てんねいじ》は、直弼の父直中《なおなか》が建立した寺である。直中は不義の子を身ごもった腰元を手討ちにするが、その相手が自分の息子であったことを知って深い悔恨にとらわれ、供養のために京都から名工をまねいて五百羅漢《らかん》の木像をきざませた。

さまざまな表情とポーズをした羅漢さんが五百人、お堂の中にならぶさまは壮観である。じっと見ていると人間の業《ごう》がにじみ出てくるような不気味さを覚えるのは、不幸な創建の事情を反映しているからかもしれない。

この寺には井伊直弼が桜田門外でおそわれた時に用いていた毛皮の座ぶとんが保存されている。雪のふりしきる寒い日だったので、暖かい毛皮を駕籠《かご》の中に敷いていたのである。

わずかに血のあとが残る座ぶとんを間近に見ると、襲撃された時の情景が目に浮かぶ気がしたものだ。

彦根城の北東、表鬼門にあたる位置には、大洞《おおほら》弁財天（長寿院）があり、人なつっこく色っぽい姿をした弁天さまがまつられている。

四代藩主井伊直興《なおおき》が日光東照宮の修造を担当した甲良《こうら》大工たちにきずかせたもので、領内の老若男女すべてから一文ずつの奉加金《ほうがきん》をつのった。その数は二十五万九千五百二十六人にのぼったという。

この境内からは彦根城を眼下に見下ろすことができる。かつては城との間に松《まつ》原内湖《ばらないこ》があったので、参詣客は船で渡った。着飾った御殿女中たちが船をつらねて参詣する姿は、さぞあでやかだったことだろう。

もともと彦根は琵琶湖の湖水に洗われる低湿地だった。根とは低湿地にある高台をさす言葉で、彦根、長曾根、里根などの村があったが、今では松原内湖も埋め立てられて市街地と化している。

四百年祭の御縁で、秋には城内の玄宮園《げんきゆうえん》で紅葉狩りを楽しんだ。玄宗《げんそう》皇帝の離宮を参考にしたという庭は、池を広々と作って変化に富んだ趣向をこらしてある。ライトアップされた紅葉がすみきった池に映る姿は、息を呑むほどに美しく、幽玄《ゆうげん》なあやしさに満ちている。

庭から見上げる彦根城の天守閣も素晴しく、知る人ぞ知る紅葉の名所なのである。

彦根藩の初代は井伊直政《なおまさ》である。

直政は徳川四天王の一人に数えられた傑出した武将で、関ヶ原の戦いでは本多忠勝とともに軍奉行をつとめ、東軍を勝利にみちびく立て役者となった。

家康の四男忠吉《ただよし》に先陣をつとめさせようと福島正則《まさのり》の軍勢をあざむいて第一線

に出たり、敗走する島津義弘の軍勢を討とうとして負傷したエピソードはよく知られている。

家康はその功を賞して石田三成《みつなり》の居城であった佐和山《さわやま》城を与え、十八万石の大名に封じた。所領は近江国に十五万石、前任地の上野国に三万石である。

興味深いのは、大津にあった三成の蔵屋敷と琵琶湖の水面五十町（十五万坪）を与えていることだ。港として用いるためで、彦根と大津が水運によって密接に結びついていたことを証すものである。

直政は関ヶ原の戦いの四ヶ月後、慶長《けいちよう》六年（一六〇一）一月に佐和山城に入り、焼け残った二の丸櫓《やぐら》門や馬屋、薪蔵《たきぎぐら》などを住居として領国経営に着手した。

彦根のあたりは北陸にちかい気候で、雪も多く冷え込みも厳しい。満足な家もない新任暮らしはさぞ辛かったろうが、新しい国造りに向けて意気はさかんだった。

この頃直政が詠んだ、

　祈るぞよ子の子の末の末までも

　　守れ近江の国つ神々

という歌には、この地の領主として末永く家が栄えるようにという願いが込められている。

ところが無理がたたったのだろう。直政は翌年の二月一日に、関ヶ原で受けた傷が悪化して他界する。数え年四十二歳の、早すぎる死だった。

跡を継いだ直勝は幼少だったために、老臣たちが直政の遺志をついで領国経営にあたった。

まず着手したのが居城の建設である。直政は佐和山の西にある磯山《いそやま》城を改修しようと考えていたが、老臣らは彦根山（金亀山《こんきさん》）の方が城地にふさわしいと考え、慶長八年二月に家康に変更を願い出た。

家康はこの案を了承したばかりか、奉行三人を派遣し、伊賀《いが》、伊勢、尾張《おわり》、美濃《みの》、飛騨《ひだ》、若狭《わかさ》、越前《えちぜん》の大名十二人に築城の手伝いを命じた。

家康が彦根に井伊直政を配したのは、西国三十六ヶ国の大名の動向を監視させるためであり、彦根城を天下普請にひとしいやり方で築城させたのは、大坂城包囲網の要《かなめ》にするためだった。

『井伊家年譜』によれば、家康は直政と相談して城を佐和山から磯山に移し、〈西国中国の人質を佐和山にて請取らせらるべき御底意〉があったという。

三成の居城があった佐和山に西国大名の人質をつないでおき、直政に監視させようとしたのである。

彦根城に築城を決めた後も、家康はみずから城の設計について指示をした。〈もっとも東照君より御縄張りの御指図もこれありし也〉というほど念を入れたのは、この土地の重要性を熟知していたからだった。

地図を見れば、そのことは歴然とする。

彦根は西国と東国の境目に位置し、中山道《なかせんどう》と北国《ほっこく》街道が交わる要所に近い。西国の大軍が東に向かう時にはこの地を通って美濃に出ようとするし、東から西に攻め上がろうとする時には、足場を固める橋頭堡《きょうとうほ》のような存在となる。

さらに重要なのが、流通や交易に果たした琵琶湖水運の役割だった。

江戸時代に北前船《きたまえぶね》の西廻り航路や、江戸と大坂を結ぶ樽《たる》廻船や檜垣《ひがき》廻船の航路が開拓されるまでは、琵琶湖が日本海や太平洋と京都や大坂の消費地を結ぶ流通の大動脈の役割をになっていた。

日本海を通ってきた船の積荷は敦賀《つるが》や若狭で陸揚げし、琵琶湖の海津《かいづ》や今津に運ぶ。

太平洋を船で来た荷物は伊勢湾の港で川船に積みかえ、長良《ながら》川や揖斐《いび》川をさかのぼって墨俣《すのまた》あたりで陸揚げし、中山道を通って長浜や米原《まいばら》に運ぶ。そこから琵琶湖の水運に乗せて大津まで送り、山科《やましな》を越えて京都まで運んだり、そのまま宇治川、淀《よど》川を流して大坂まで送ったのである。

この流通と交易を支配することからあがる利益は莫大で、近江を制する者は天下を制すると言われたほどだ。

信長は安土《あづち》城を居城とし、腹心の秀吉を長浜城に、明智光秀を坂本城に配して、琵琶湖をあたかも自家の領海のようにした。

秀吉は佐和山城に三成を、大津城に淀殿《よどどの》の妹聟の京極高次を配し、両者の中間に位置する近江八幡市の八幡山城を甥の秀次《ひでつぐ》に守らせた。

家康もこの伝統を引き継ぎ、彦根城にもっとも信頼する井伊直政を配し、大津の蔵屋敷と港の専有権まで与えた。膳所《ぜぜ》城には戸田一西《かずあき》をおいてこれを補佐させ、自身は伏見城にいて琵琶湖、大坂、京都にまでにらみを利かせたのである。

彦根城には何度も足を運んでいる。

ＪＲ彦根駅の改札を出て左に折れると、駅ビルのガラス窓がある。ここから城の天守閣が正面に見える。

玄宮園からのながめに匹敵する美しい姿で、窓ガラスには絵や写真の感じを出そうとフレームをつける粋な（余計な？）はからいがしてある。

駅前には井伊直政の騎馬姿の銅像がたち、広々とした道路がまっすぐ城までつづいている。突き当たりに位置する観光協会のビルの前にある池が、かつての外堀の跡である。

ここから左、右と直角に折れて、いろは松の並木がならぶ中堀ぞいに進むと、佐和口多聞櫓《たもんやぐら》がそびえている。

桝形《ますがた》門を取り囲むように長屋塀をめぐらした厳重な造りで、大手の京橋口とならぶ重要な城門である。

櫓の側にある馬屋は、藩主用の馬を十数頭つないだという大きなもので、一見の価値がある。元禄《げんろく》時代に建てられたもので、すでにその頃には京橋口より佐和口の方が表門としての機能をはたしていたのだろう。

内堀にかかる橋を渡って表門を入ると、復元された表御殿があり、博物館として利用されている。

　チケット売り場で入場料を払ってゲートをくぐると、目の前に表坂がつづいている。

　道は広々としているが、敵が登りにくいようにわざと石段の高さや幅を変えてあるので、よそ見しているとつまずくおそれがある。こんな所にも戦国の遺風《いふう》が感じられるのである。

　坂の正面には天秤櫓《てんびんやぐら》がそびえている。高石垣の上にきずかれた左右対称の美しい櫓で、鐘の丸との間の堀切には廊下橋がわたしてある。

彦根城の中でもっとも見応えのある場所の一つで、天秤櫓は長浜城の大手門を移築したものだという。

　櫓の門を入ると、京橋口からつづいている大手坂と合流する。その先には太鼓門櫓が、本丸への最後の関門として立ちはだかっている。

　門の一角には数万年前に隆起したという巨大な岩が、城壁のかわりとなってそびえている。このように地形を巧みに取り込んだ縄張り（設計）をするのも、築城家の腕の見せどころなのである。

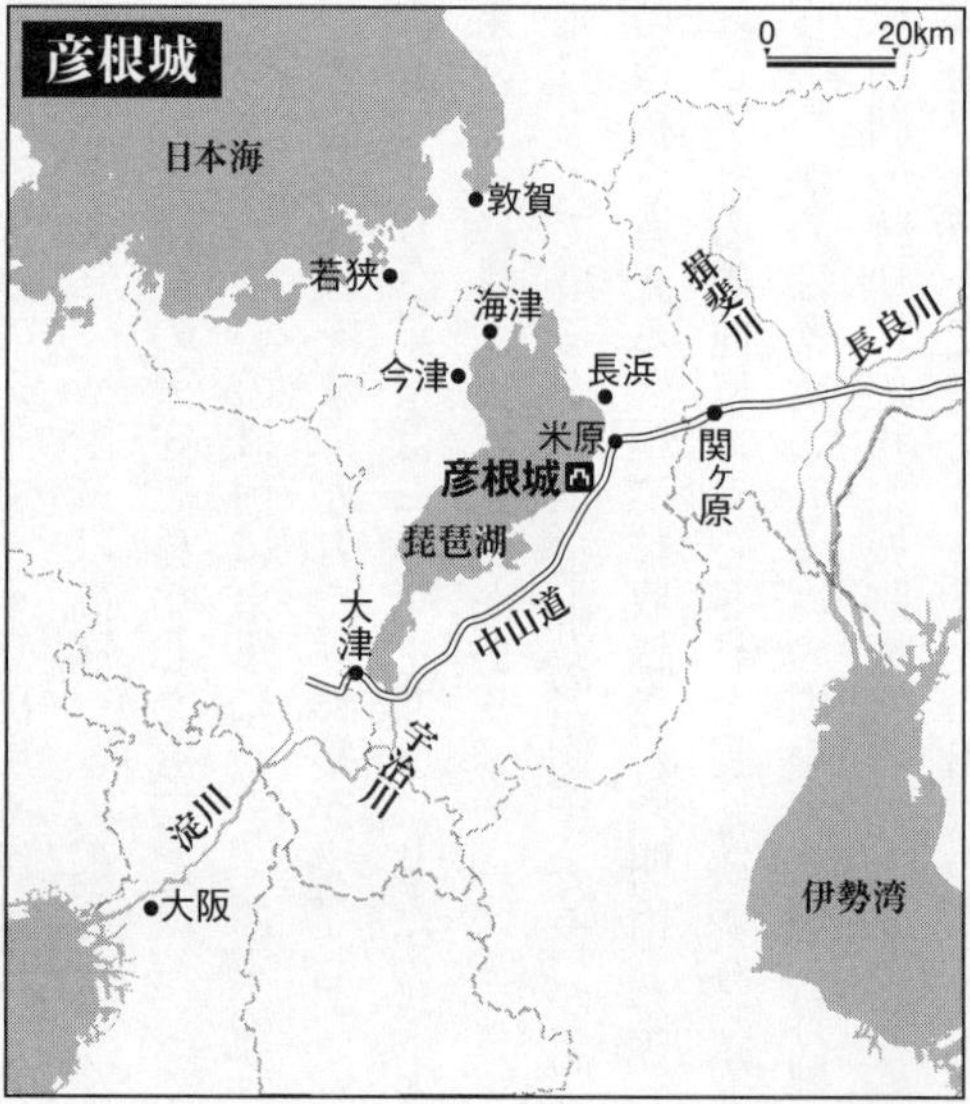
彦根城
0
20km
日本海
敦賀
若狭
海津
今津
長浜
揖斐川
長良川
米原
関ヶ原
彦根城
琵琶湖
大津
中山道
宇治川
淀川
大阪
伊勢湾

広々とした本丸に建つ天守閣は、案外こぢんまりとしている。天守台の中に階段室をそなえた三階三重の造りで、千鳥破風《ちどりはふ》や唐《から》破風、入母屋《いりもや》破風を多用。二階と三階には花頭窓《かとうまど》を配し、三階には高欄《こうらん》つきの廻縁《まわりえん》をめぐらしている。

これは京極家の大津城の天守を移築したものだ。

京極高次は関ヶ原の戦いの直前に東軍につき、西軍の苛烈な攻撃にさらされて降伏するが、天守は炎上をまぬかれた。移築が完了したのは慶長十二年（一六〇七）で、彦根城の400年祭はこの年を基準にしたのである。

本丸の北東の一角に月（着）見台がある。

今はさら地になっているが、『城下町の記憶　写真が語る彦根城今昔』（西川幸治著、城下町彦根を考える会編）に収録された明治九年（一八七六）の写真には、二層の月見櫓と本丸の周囲にめぐらされた長屋塀が写っている。

月見台からのながめは素晴しい。城の内堀、中堀、外堀の様子が一目で分るし、琵琶湖や松原内湖の跡地、佐和山城跡をぐるりと見渡すことができる。

五重の天守閣がそびえていたという佐和山城の本丸跡まではわずか一キロほどしか離れていないが、両者の間には関ヶ原の戦いという歴史的大事件が横たわっているのである。

九月十五日の戦いに勝利した東軍は、十六日に中山道の磨針《すりはり》峠に陣を移し、西軍から寝返った小早川秀秋、脇坂安治《わきさかやすはる》、朽木元綱《くつきもとつな》らを先陣として佐和山城に攻めかかった。

ところが城の守りは固く、大手の中山道方面から攻めても犠牲が多くなるばかりである。そこで家康は攻撃をいったん中止し、使者を送って和議を申し入れた。城の主立った者が自決して開城するなら、他の者の命は助けるという条件である。

三成にかわって指揮をとっていた三成の父や兄はこの和議を受け容れ、答礼の使者として津田仙庵父子を家康のもとに向かわせた。ところが事情を知らない脇坂安治の兵が、二人を取り巻いて討ち取ってしまった。

これを見た城兵たちは家康にあざむかれたと激怒し、決死の覚悟で防戦につとめたが、井伊直政らの軍勢が松原内湖の方から攻め上がって火を放ったために、十七日についに落城した。

この時、城中にいた上臈《じょうろう》たちが次々と本丸下の谷に身を投げて自決した。女郎ヶ谷という地名は、この悲惨な事件に由来するという。

戦いの後に佐和山城を与えられた直政は、本丸を九間（約十六メートル）も切り落とした。石田勢の血に汚れた土を取りのぞき、あたりを清めるためである。

石田時代の記憶を消し去る作業は、城下でも行なわれた。江戸の初期に花井清心が記した『彦根古絵図註』によれば、城下町はすべて潰して田畑にし、村々で保存してきた古い書類や水帳《みずちよう》などを没収した。

また古代よりつづけてきた神事や祭礼、仏事を禁止したばかりか、石田家や佐和山城の話をすることさえ禁じたという。

この記事を読んで、なるほどそうかと合点《がってん》がいったことがある。

米原あたりの人たちは彦根の人たちを敬遠し、酒を飲む時には長浜に出るという。

「彦根の連中は威張っているので性に合わん」

と言うのを聞いた時、御城下と周辺の町の待遇の差がそうした感情を生むのだろうと思ったが、根本的な原因は直政が入国した時の苛烈な弾圧政策にあるのかもしれない。

井伊家は群馬の高崎市から赴任した他所者《よそもの》である。近江の人たちとは、言葉も気質もかなりちがっていたはずである。その他所者が我物顔《わがものがお》で土地を没収し、祭礼や仏事を禁止したことに対して、地元の人たちは強い反感を持ったにちがいない。

そうした記憶が今もしこりとなって残り、「彦根の連中は威張っている」という発言につながっているのではないだろうか。古老の話を集めた『淡海《おうみ》落穂集』には、次のような聞き書きがある。井伊直孝（直政の次男、のちに三代目藩主）は乱世の将なので人を殺すことを何とも思わず、やたらと人を斬った。築城の時には普請の現場を見廻り、たいした落度もない者を数多く斬ったので、人々は恐れて懸命に働き、数年かかる築城が早々と出来上がったという。

ここにも他所から来た領主と土着の住民との軋轢《あつれき》が見て取れるのである。

直政の死後、井伊家では彦根山に城をきずくことに決めたが、その前に城と城下町を作るための整地をしなければならなかった。

その主なものが芹川の付け替え、尾末《おすえ》山の切り崩しである。

それまで芹川は佐和山の山すそを流れて松原内湖にそそいでいた。それを現在のように近江鉄道彦根口駅のあたりから西に向かわせ、琵琶湖にそそぐように流路を変えたのである。

これによって松原内湖を埋め立てて城域を広くすることも、城下町を東に広げることもできるようになった。

尾末山は彦根山の東端にあった小高い山で、今の尾末町のあたりまでつづいていた。これを切り崩して表御殿や佐和口多聞櫓を建てる土地を確保した。

月見台の下の険しい壁は、この時にできたものと思われる。また切り崩した土砂は、内湖を埋め立てるために用いた。

現代の公共事業に匹敵する大工事だが、自然破壊による弊害もあらわれている。

前述の『図註』によれば、芹川を付け替えたために松原内湖の四ツ川でとれていた魚がとれなくなった。石田家の時代には四ツ川あたりの住民は生鮒《いきふな》三千余を年貢としておさめていたが、井伊家の時代になると米十三石をおさめるようになったという。

築城はまず彦根山にあった寺を山下に移し、山の稜線をならすことから始まった。石垣の石は佐和山城、長浜城、安土城、大津城などから運び、諸国から集まった石工が工事を担当した。

天守台は尾張衆、天秤櫓の高石垣は越前衆、西の丸三重櫓のあたりは坂本の穴太衆《あのう》がきずいたという。一つの城でいくつもの石垣技術が見られるのも、彦根城の大きな特徴なのである。

第一期工事は慶長八年（一六〇三）から十二年までで、本丸、鐘の丸、西の丸の主郭部分が完成した。その後、大坂冬の陣、夏の陣をへて、元和《げんな》二年（一六一六）から第二期工事が始まった。内堀から外の工事を終え、藩の政庁にふさわしい一大城郭として完成したのは元和八年（一六二二）のことである。

その頃井伊家は二十五万石に加増されていたが、寛永《かんえい》十年（一六三三）には三十万石（幕府の預り米を含めて三十五万石）となり、幕府の柱石を支える譜代大名としての地位を確立した。

直政は「子の子の末までも」と祈ったが、井伊家は幕末まで二百五十年余の繁栄を維持していく。

その祈りが破れ、井伊直弼が凶刃《きょうじん》にたおれた桜田門外の変は、まさに幕府の終わりを告げる象徴的な出来事だったのである。

第六章　丹波篠山城【兵庫県】

――西国で初めて徳川譜代大名を配する

丹波篠山城

京都の丹波口《たんばぐち》を出て国道を車で西へ走ると、一時間半ほどで兵庫県丹波篠山《ささやま》市につく。

篠山川にかかる京口橋をわたり、川ぞいに進むと河原町三叉路の信号がある。ここを右折して北上し、次の四ツ角を左折した所が、丹波篠山城の東馬出《うまだ》しである。

馬出しとは城から兵を出撃させるためにもうけられた出丸《でまる》で、今も当時の形にちかい姿で保存されている。

直角に折れる角を何度か曲がって東外堀の土橋をわたると、篠山城の三の丸に入る。

西側に設置された駐車場（料金二百円）に車を止めて、北廓下門の前に立った。広々とした平坦な地に、整然と幾何学的に積み上げられた石垣がそびえている。高さはおよそ十四メートル。もっとも高い天守台は十八メートルである。そのまわりに内堀をめぐらし、石垣の根元には幅の広い犬走りをもうけてある。

内堀の中は二の丸、本丸、天守台が梯郭式《ていかくしき》（階段状）に配置してあり、その外側を一辺およそ四百メートルの正方形の三の丸がとり囲んでいる。

三の丸の外側にも堀がめぐらしてある。

今は埋め立てられて狭くなっているが、築城当時には東西南の三方は二十四間(約四十三・二メートル)、北側は二十間(約三十六メートル)もの幅があった。

この堀をこえて出撃するために、大手馬出し、東馬出し、南馬出しがもうけられたのである。

城の縄張り(設計)をしたのは築城の名手といわれた藤堂高虎《とうどうたかとら》で、正方形の三の丸や広々とした堀、石垣の根元の犬走りなどが、今治城《いまばり》の作りとよく似ている。

丹波篠山は京都の西方に位置し、山陰方面と播磨《はりま》に抜ける交通の要所である。

源義経はここを通り、兵庫に結集した平家を鵯越《ひよどりごえ》の奇襲で打ち破ったし、山陰の後醍醐《ごだいご》天皇勢を討伐に向かっていた足利尊氏は、この地で天皇方につく決断をして京都に攻めのぼった。

こうした歴史が丹波篠山の重要性を物語っているが、江戸初期の城主であった松平康重《やすしげ》(家康の実子と伝えられている)の所領は五万石にすぎない。

それなのに国持ち大名の居城に匹敵する巨大な城をきずいたのは、徳川家康がこの城を大坂城包囲網の西の要《かなめ》と位置づけていたからである。

慶長《けいちょう》五年（一六〇〇）の関ヶ原の合戦以後、家康は営々と大坂城の包囲網をきずいてきた。

その足跡はこれまでたどってきた通りだが、慶長十四年（一六〇九）の篠山城の築城にはこれまでとはちがう家康の決意が感じられる。

その第一点は、西国に初めて徳川家の譜代大名である松平康重を配したことだ。これまで豊臣家に遠慮してさし控えていたことを、公然と実行したのである。

第二点は築城を天下普請とし、豊臣家とのつながりが深い西国大名に出役《でやく》を命じたことである。

松平康重は五万石の大名なのだから、その城を天下普請できずくのは道理にあわない。だが、そんなことにはお構いなしに動員令を発し、豊臣家に対する圧迫を強める姿勢を露骨に示したのだった。

こうした点に、家康の明らかな方針転換が見て取れる。包囲網はこれまでの防御的なものから攻撃性の強いものに変わり、豊臣家と敵対する姿勢がはっきりと打ち出されたのである。

その理由は豊臣方の西国大名が、家康との戦いにそなえて築城を始めたからだ

敦賀
豊岡
鳥取
福知山
丹波篠山城
亀岡
京都
大津
姫路
神戸
大阪
淡路島
0
20km

と『当代記』は伝えている。

慶長十二年（一六〇七）八月以前に九州、中国、四国の諸大名が相次いで城普請をしたが、それは〈乱世遠からずとの分別か〉と、徳川方は見ていたというのである。

おそらく西国大名は、家康が大坂城包囲網をきずきつづけることに警戒感を強めて城普請を行なったのだろうが、これが冷戦時代の軍拡競争のように対立をあおる結果を招いたのである。

もうひとつの理由は、家康が六十八歳という高齢にたっしたことだ。人間五十年といわれた当時、この歳ではいつ死ぬか分らぬという危機感を持つのは当然である。

対する秀頼《ひでより》は十七歳の育ちざかりだった。しかも体格が立派で才能にも恵まれていた。

自分が生きているうちに豊臣家を何とかしなければ、彼我《ひが》の立場は逆転する。家康はそうした焦燥《しょうそう》にかられ、包囲網を一気にちぢめる決断をしたのだろう。五年後におこる大坂冬の陣の火ぶたが、ひそかに切って落とされたのである。

家康が丹波篠山に進出する決断をしたのは、丹波八上《やかみ》城主だった前田茂勝《しげかつ》（豊臣家五奉行の一人玄以《げんい》の子）が乱心し、慶長十三年（一六〇八）六月に所領を没収されたからである。

家康はさっそく松平康重を後任とし、十月には八上城に入部させた。すでにこの時には新しい城をきずくことに決めていて、藤堂高虎に工事の指揮をとるように内々に指示していた。

家康は篠山城の次には名古屋城をきずく構想を固めていて、慶長十四年（一六〇九）一月二十五日に尾張《おわり》の清洲《きよす》城に入って城地の選定にあたっていた。

そこに松平康重の使者が来て、篠山周辺の地図を示してどこに新城をきずくべきかうかがいを立てた。候補地は篠山、飛ノ山、王地山の三つだったが、家康は盆地の中心に位置する篠山にせよと命じた。

篠山は高さ三十メートルほどの小山だが、今治城をきずいた高虎の手腕があれば、充分に堅固《けんご》な城が完成すると見込んでいた。

それに平地に人目を驚かすほどの城をきずいた方が、西国大名を威圧することができるし、その後の領国経営にも便利だと考えたのである。

工事は慶長十四年の春から始まった。二月十八日に築城が公表され、三月九日に鍬《くわ》初めが行なわれた。

普請総奉行は姫路城の天守閣の工事を終えたばかりの池田輝政《てるまさ》、縄張奉行は予定通り藤堂高虎がつとめた。

目付は石川重次と内藤忠清だが、二人は三年前に家康が諸大名を動員して行なった江戸城の普請でも奉行をつとめた築城のプロだった。

出役を命じられた大名は福島正則《まさのり》、毛利輝元《もうりてるもと》、浅野幸長《よしなが》、加藤嘉明《よしあき》ら二十名、その石高の合計は三百五十四万石。使役した人夫は八万人にのぼった。

工事はまず篠山を切りくずして整地することから始まった。それと同時に内堀、外堀の掘削《くっさく》と、盆地を分流して流れる黒岡川の付け替え工事を行なった。また、六万個以上あるという石垣の石も切り出さなければならなかった。

それぞれの大名が石高におうじて持場を分担し、百人一組のチームを作って工事にあたったが、春の長雨や洪水にたたられて普請は遅々として進まなかった。焦《じ》れた家康は五月下旬に高虎を駿府《すんぷ》（静岡市）に呼びつけ、工事を急ぐように申し付けた。

藤堂家の記録『公室年譜略』によれば、家康は「あまりにていねいな仕事をしているから工事の半ばにもいたらないのだ。早く篠山へ行って万事指図し、すみやかに造り終えよ」と命じたという。

高虎は六月上旬に篠山に行き、諸大名に家康の上意を伝え、工事を急げと檄《げき》を飛ばした。

そのため大名たちは目の色を変えて家臣たちを叱咤《しった》し、夏の猛暑や台風による洪水にも屈せず、九月中旬には石垣や堀などの城地の普請を完成させた。

当時の記録によれば、六月二十日に根石初め（石垣をきずき始めること）を行なったという。それからわずか三ヶ月たらずであの厖大《ぼうだい》な石垣を完成させたのだから、この頃の技術と人事管理の水準の高さは驚異的である。

幕府からつかわされていた石川、内藤の両目付は、九月下旬に駿府をたずねて石垣普請が終ったことを報告した。

おそらく誉めてもらえると期待していただろうが、家康はことのほか不機嫌で、「あまりに丈夫に作るから工事が遅れたのだ」と叱《しか》りつけた。

せっかく天守台をきずいておきながら、天守閣を建てることを許さなかった。

これも堅固すぎる城を作る必要はないという理由からだった。

家康がこれほど焦っていたのは、豊臣家との関係が緊迫し、いつ合戦がおこるか分らない状況になっていたからである。

その原因は定かではないが、家康が公然と敵対行動に出たことに対し、豊臣家も水面下で何らかの反撃策をこうじていたものと思われる。

諸大名への締め付けを強化し、着々と幕府の体制を固めつつある家康に対して、豊臣家が取れる反撃策は二つしかない。ひとつは関白家という家柄を生かして朝廷への接近を強め、天皇の勅命《ちょくめい》によって家康の動きを封じ込めることだ。

大坂夏の陣の時に天皇は何度も勅使をつかわして和議をすすめたが、家康はこれを無視して豊臣家を亡ぼした。これは朝廷と豊臣家のつながりの強さに危機感と嫌悪感を抱いていたためである。

もうひとつは、莫大な経済力を生かして外国勢力の支援をあおぐことである。

豊臣家は秀吉の頃から、硝石《しょうせき》や生糸を輸入するためにスペインと友好関係を保っていた。こうした関係を活かし、スペインに艦隊の派遣を求めていた可能性は充分にある。

慶長十四年（一六〇九）には、それを反映していると思われる事件がいくつも起こっている。

この年三月、島津家久《いえひさ》は三千の兵を派遣して琉球《りゅうきゅう》を征服したが、家康はこの行動を黙認したばかりか、家久に琉球の支配を許した。これはフィリピンのマニラを拠点とするスペインの侵攻にそなえてのことだろう。

七月に家康はオランダとの通商を許可し、平戸《ひらど》に商館を作らせるが、これはスペインと敵対しているオランダを優遇することによって、スペインの影響力を弱めるためだった。

九月に家康は西国大名から五百石積み以上の船を没収し、海外貿易をおこなえないようにした。これは西国大名とスペインの関係を断ち切るためだと考えられる。

そして十二月には、有馬晴信によるマードレ＝デ＝デウス号の撃沈事件が起こっている。

デウス号はポルトガルの船だが、当時のポルトガルはスペインに併合されているので、スペインと家康の険悪な関係がこの事件の遠因になったと思えるのである。

あるいは家康が豊臣家を亡ぼす決意をしたのは、秀頼や淀殿《よどどの》がスペインの支援をあおぐ姿勢を露骨に示し始めたからかもしれない。

篠山城の工事は櫓《やぐら》や御殿を作る作事《さくじ》の段階に移り、十一月には諸大名が帰国し、十二月二十一日にはすべての人足が帰国している。

家康はすでに十一月十六日に名古屋築城の準備を開始していて、翌年の二月には篠山築城にあたった福島正則、加藤嘉明、蜂須賀《はちすか》至鎮《よししげ》ら八大名に引きつづき出役を命じたのだった。


さていよいよ、藤堂高虎自慢の縄張りに入ってみることにしよう。

傾斜のある北廊下門をのぼると、石垣で囲んだ桝形《ますがた》が二つならんでいる。四角の桝を喰《く》い違いに組合わせた変形二重桝形で、入口から順に櫓門、中門、鉄《くろがね》門によって仕切られていた。

これは大砲などで打ち破られることを防ぐとともに、城内の兵が外に出撃する時や退去する時に敵に付け込まれるのを防ぐ目的があった。

たとえば退去する時には第一の桝形に兵を入れ、敵がまぎれ込んでいないことを確認してから中門を開けて城内に入れたのである。

鉄門の内側が二の丸で、復元された大書院が建っている。二条城の二の丸御殿とよく似た堂々たる作りで、歴代城主の公式行事が行なわれた表御殿である。

大書院の玄関横には井戸がある。

上部の直径が二メートル、水面までの深さは十四メートル、水深は八メートルもある巨大なものである。

井戸は普通、地下の水脈に行き当たるまで穴を掘って作るが、この井戸はちがう。築城前には黒岡川の支流が篠山の岩場につきあたって淵をなしていたところで、その淵を石垣で囲い込んで井戸にしたものである。

川を付け替えても井戸に水が流れ込むように、川底に竹束を埋めて整地したと伝えられているが、竹束ならやがて腐って水が流れなくなるはずである。

ところが井戸は四百年後の今も水をたたえているのだから、石の水路を組んで流れを保つ工夫がなされているのだろう。

大書院の横をぬけて奥に進むと、東側に一段高くなった本丸がある。

高さ一・二メートルの石垣をめぐらしているが、その一部に篠山の岩盤がむき出しになっている。岩を削り取らずに石垣に転用したのである。

本丸には井戸が掘ってあるが、一枚岩の岩盤を掘り抜くのに二年もかかった。井戸の上に小屋をかけ、夜は一晩中火を燃やして岩をもろくし、昼の間にノミで削り下げていったという。

本丸の東南の隅に天守台がある。

石垣の高さは四メートルで、南北十間二尺（約十八・六メートル）、東西九間二尺（約十六・八メートル）の広さがある。ここには五層の天守閣をきずく予定だったが、家康の指示で中止になった。

家康は「天守閣は人目に立って敵の攻撃目標になるだけだから無用である」と言ったという。大砲による攻撃を想定して、見た目より実用性を優先したのである。

現に大坂冬の陣の時、家康は外国から輸入した大砲を備前島《びぜんじま》に運び込み、大坂城の天守閣を砲撃させている。

これに肝をつぶした淀殿が、周囲の反対を押し切って和議に応じたというから、家康は時代の流れをしっかりと見極めていたのである。

二の丸の南側には埋門《うずみもん》があり、南廊下門によって三の丸とつながっていた。埋門は多聞櫓《たもんやぐら》の下の石垣に開けた門で、敵から見えないようにした秘密の出入口である。また攻められた時には内から石を投げ入れて埋め、敵の侵入を防ぐこともできた。

二の丸を囲む内堀には、かなり広い犬走りをめぐらしてある。これは高虎がきずいた城の特徴のひとつで、石垣を積む地盤を強化するためのものだ。

篠山城の犬走りが車が通れそうなほど広く取ってあるのは、ここを足場にして石垣積みと堀を掘る作業を同時に行なったからだといわれている。

現在は埋門から外に出ることはできないので、北廊下門までもどって三の丸に出た。

二の丸の西側を南に下がると、土塁の一部が残っている。四百メートル四方の三の丸は、高さ三間（約五・四メートル）の土塁で囲まれていた。

土塁の上には堀をめぐらし、射撃用の鉄砲狭間をあけ、所々に屏風《びょうぶ》のように屈折した突き出しをもうけて広角度の射撃ができるようにしていた。

その外側を四十メートル前後の外堀が取り囲んでいたのだから、水に浮かぶ大要塞のように見えたことだろう。

外堀にかかる土橋をわたって南の馬出しに出た。

外堀は今も豊かに水をたたえ、川のように流れている。篠山盆地は北から南へとゆるやかに傾斜しているので、堀の水位が北と南ではちがう。

それゆえ土橋で仕切って水の流失をふせぎ、土橋の上部に口を開けて水が流れるようにしたのである。

水は今も城の東を流れる黒岡川から東馬出しのあたりに引き入れ、南馬出しの横にもうけた地下の水路を通って篠山川へ落としている。

南馬出しは南門から城外に打って出るさいの橋頭堡《きょうとうほ》としてきずかれたもので、土塁と堀が良質な状態で残っている。

東西二十一間（約三十七・八メートル）、南北十三間（約二十三・四メートル）の長方形で、南の土塁の高さは四間（約七・二メートル）だった。

そのまわりに幅十五間（約二十七メートル）、深さ四間の堀をめぐらしていた。

しかもその外側をもう一重の石垣と塀で囲んでいたのだから、合戦を目前にひかえた緊迫した空気の中できずかれたことがよく分る。

城の北には山陰と京都をつなぐ山陰街道が、南には播磨と京都をつなぐ播磨街道が通っている。

篠山城の三つの馬出しは、その道を進撃してくる敵を迎撃するために設置されたのである。

城下町は利便性を考えて碁盤の目状に作られているが、要所には鉤状《かぎなり》の屈折や喰い違い箇所をもうけて、敵が直進できないようにしていた。その側には寺を配置し、出城の役割をになわせていたのである。

最後に市立歴史美術館に立ち寄った。

篠山藩庁の跡地に建てられた建物で、明治二十四年（一八九一）から昭和五十六年（一九八一）まで地方裁判所として使用された。館内には法廷や検察官室がそのまま残されていて、美術品も展示されている。

その中に坤輿萬国全図屛風《こんよばんこくぜんずびょうぶ》があった。

坤輿万国全図とはイエズス会士のマテオ・リッチが描いた世界地図を、一六〇二年に明《みん》の北京で漢訳刊行したものである。この館にあるのは、それを写して屛風にしたもので、江戸初期に制作されたという。

現代の世界地図に近い精巧《せいこう》なもので、当時の日本人が世界情勢を正確に理解していたことがうかがえる。

篠山城をきずいていた頃にはこの地図も伝来していたはずで、家康や高虎らは世界中に植民地を持つスペインがいかに強大な国であるかよく知っていた。

それゆえ彼らが豊臣家との争いに介入してくることを、何より恐れていたのである。

第七章　名古屋城（一）【愛知県】

――城普請は豊臣恩顧の大名をねらい撃ち

名古屋城

名古屋城にはこれまで何度も足を運んでいる。どっしりとした重量感のある大天守閣に金の鯱《しやちほこ》がのっている姿は、いつ見ても圧倒される。

さすがは「尾張《おわり》名古屋は城でもつ」と言われただけのことはあるが、城のまわりをゆっくりと歩いたことはこれまで一度もなかった。

これではなるまいと発起し、地下鉄名城《めいじよう》線の市役所駅に降り立った。ここは城の東南の角に位置している。片側四車線の巨大な道路を北に向かうと、五百メートルほどで城の東北の角に行きつく。

ここから幅百メートルちかい大きな堀が、城の北面を守るためにめぐらされている。その長さは北西の角までおよそ七百メートル。そこから南へ直角に折れ、南西の角まで五百メートルばかりつづいている。

その光景は圧巻である。しかも城の北側に広がっている名城公園の大部分はかつて池だったというから、名古屋城は水に守られた城だと言っても過言ではない。

これまで南側の大手口からばかりアプローチしていたので、うかつにもこのことを見落としていたのである。

城の北側の道ぞいには藤棚が長々とつづいている。桜の並木やつつじの植え込みもある。

この道を歩きながら堀のむこうにそびえる城や石垣をながめれば、本丸、二の丸、御深井丸《おふけまる》などの配置の妙や防衛の工夫がうかがえて興味深い。

中でも本丸と二の丸庭園との間にある空堀は必見である。

ここには万一の場合に城主が脱出するための埋門《うずみもん》がもうけてあった。二の丸庭園の土塀の下に開けた門から、はしごを使って空堀に下り、舟で水堀をわたって対岸に上陸し、城の北側の土居下《どいした》まで出る。

ここには「御土居下御側組同心《おどいしたおそばぐみどうしん》」の屋敷があり、城主を死守せよとの密命をおびた同心たちが住んでいた。

彼らに守られて大曾根、勝川《かちがわ》へ向かい、木曾路《きそ》へと落ちのびていく手筈《てはず》がととのえられていたのである。

これだけの堅固《けんご》な城をきずきながらなお、万一の場合にそなえてこうした仕組みを作ったところに、戦国乱世を生き抜いてきた徳川家康の用心深さがあらわれている。

御土居下同心たちは代々密命を伝えながら家を保ち、ついに一度もその機会に遭遇しないまま幕末をむかえたのだった。

城の北側から西側へまわると、ウェスティンナゴヤキャッスルホテル（二〇二〇年九月に営業終了）のすぐ近くを堀川が流れている。これは城と伊勢湾を結ぶために掘られた運河で、全長約七キロにもおよぶ工事を福島正則《まさのり》が一人で担当した。

この川は物資輸送の大動脈となって名古屋の発展に多大な貢献をした。地元の人々は福島正則の労苦に感謝し、左衛門大夫という彼の官名にちなんで「大夫堀」と呼んでいたという。

西側から南へまわり、西の丸の正門から本丸に入った。

巨大な連結式の大天守と小天守が目の前にそびえている。五重五層の城も見事だが、加藤清正が一手に引き受けてきずき上げた天守台の石垣の美しさは比類がない。

興味深いのは、正則も清正も名古屋の出身だということだ。二人ともこの城が大坂城包囲網の総仕上げだとは充分に承知していただろうが、築城の華ともいうべき場所の工事をまかされ、故郷に錦をかざるような高揚感を味わっていたにちがいない。

人間心理に精通していた家康はそうした気持を見透かし、二人を上手に手玉に取りながら重い負担を押しつけていったのだろう。

築城開始は慶長《けいちょう》十五年（一六一〇）。家康が二条城で豊臣秀頼《ひでより》と対面するのは、その翌年のことである。

大坂冬の陣への動きも活発になり始めていた時期だけに、築城に際しては悲喜こもごものドラマが演じられることになった。

本章では家康の思惑と清正の苦衷《くちゅう》に焦点をあてて、その様相をながめてみたい。

話は慶長十年（一六〇五）までさかのぼる。

この年の四月十六日、家康は征夷《せいい》大将軍をやめ、嫡男秀忠《ひでただ》が二代将軍に任じられた。将軍職を徳川家で世襲し、豊臣家に政権を返すつもりがないことを天下に表明したのである。

五月一日には諸大名を伏見城に集め、秀忠の将軍就任の祝いをもよおした。家康はこの機会に秀頼を伏見に呼んで対面したいと申し入れたが、大坂からの返答はなかった。

そこで五月十日に六男の松平忠輝《ただてる》を大坂城へつかわし、秀頼と会いたいので上洛《じょうらく》するように再度伝えさせた。

この機会に臣下の礼を取るように暗に求めたのだが、淀殿《よどどの》はまなじりを決してこれを拒否した。

「そのようなことは許しませぬ。もし強いておおせられるなら、秀頼さまを刺し殺し、私も自害いたします」

異常なまでの拒否反応を示したために、これを伝え聞いた城下の者たちはあわてふためいたと『当代記』は伝えている。家康の命令を拒否したからには、やがて戦《いくさ》になると思ったのである。

ところが家康は辛抱強い。「鳴かぬなら鳴くまで待とう」とばかりに大坂城包囲網を強化し、豊臣方となるおそれのある西国大名たちに天下普請への助役《すけやく》を命じて力をそいでいった。

その方針が慶長十四年（一六〇九）から急に強化されたことは、包囲網の城と城主を見れば歴然とする。

慶長十四年、　丹波《たんば》篠山《ささやま》城　松平康重
　　　　　　　丹波亀山城　岡部長盛
　　　　　　　伊予《いよ》大洲《おおず》城　脇坂安治《わきさかやすはる》
慶長十五年、　尾張名古屋城　徳川義直
　　　　　　　伊勢亀山城　松平忠明《ただあきら》
　　　　　　　淡路岩屋城　池田忠雄《ただかつ》
慶長十六年、　伊賀《いが》上野《うえの》城　藤堂高虎《とうどうたかとら》
　　　　　　　伊勢津城　藤堂高虎
　　　　　　　豊後《ぶんご》岡城　中川秀成

いずれも大坂城へ通じる陸路や海路の要地に位置していて、徳川家の一門や譜代、外様の中でも家康に近い大名が城主をつとめている。

こうした一連の工事の中でも、最大にして最重要の位置を占めていたのが名古屋城だった。

家康が築城を決めたのは、慶長十四年一月二十五日である。この日家康は十歳になる九男の義直をつれて清洲《きよす》城へおもむき、清洲から名古屋へ遷府する意志をあきらかにした。

清洲城は低湿地にあるので洪水に悩まされることが多い。規模が小さいので大軍を駐屯させるには不向きである。しかも尾張の中心からはずれていて、伊勢湾の海運の便を活かすこともできない。

これに比べて名古屋は東は三河《みかわ》、北は美濃《みの》、西は伊勢へと通じる交通の要所であり、伊勢湾までは七キロほどしか離れていない。

名古屋台地という高台にあり、庄内《しようない》川を西の防衛線にすることもできる。

かつて小牧《こまき》・長久手《ながくて》の戦いで秀吉の大軍と戦ったことのある家康は、この名古屋こそ東西決戦となった場合に死命を制するポイントになると、身をもって分っていたのである。

二月二日には、早くも普請奉行に佐久間政実《まささざね》、滝川忠征ら五名を選び、大工棟梁《とうりよう》に中井正清、大工頭に岡部又兵衛を任命している。

十一月には西国大名十七家に普請への助役を命じ、のちに福島正則、池田輝政《てるまさ》、浅野幸長《よしなが》を加えて二十家とした。

このうち丹波篠山城から引きつづき助役を命じられたのは前記三人のほかに

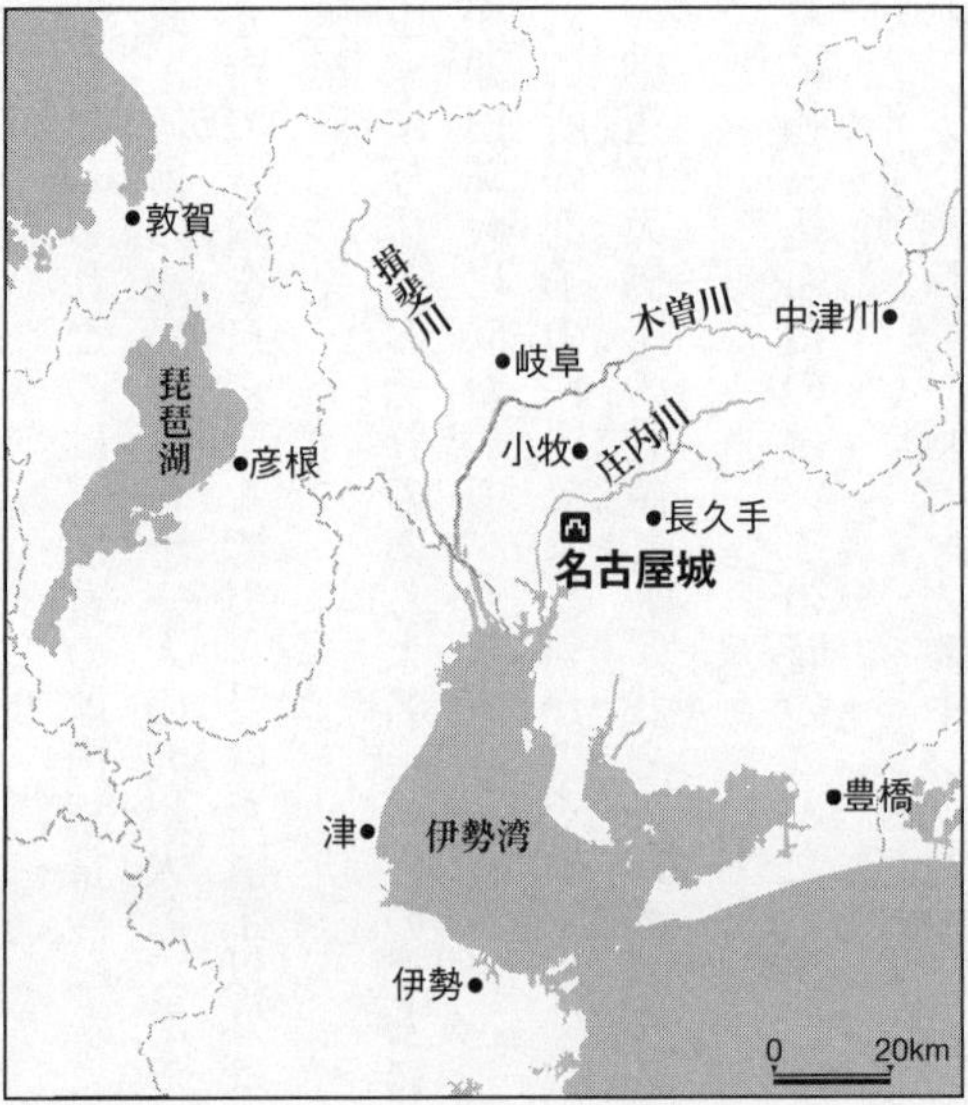
敦賀
揖斐川
琵琶湖
彦根
岐阜
木曽川
中津川
小牧
庄内川
長久手
名古屋城
豊橋
津
伊勢湾
伊勢
0
20km

讃岐《さぬき》の生駒正俊《いこままさとし》、土佐の山内忠義、阿波《あわ》の蜂須賀至鎮《はちすかよししげ》、伊予の加藤嘉明《よしあき》と、毛利《もうり》輝元《てるもと》の嫡男秀就《ひでなり》である。

新規の助役を命じられたのは、加賀の前田利常のほかに、肥後《ひご》の加藤清正、筑《ちく》前《ぜん》の黒田長政、備前《びぜん》の鍋島勝茂ら十一人の九州大名である。

しかも天守台の普請を自ら望んで引き受けた清正以外は、本知行の三割増しの負担という過酷さだった。

まさに豊臣家に与《くみ》するおそれのある大名をねらい撃ちにした観がある。

福島正則が池田輝政に向かって、

「名古屋は大御所の庶子の住居ではないか。その工事に我らが再三駆使されるのは耐え難い。御辺《ごへん》は大御所の愛婿《あいせい》じゃ。我らのためにこのことを愁訴《しゅうそ》してはくれまいか」

不平まじりに頼み込んだのは、この時のことだ。

これを聞いた清正が、

「城普請に耐えられねば、すみやかに帰国して謀叛するがよい。もし謀叛ができぬのなら、早々に大御所の下知《げち》に任せ、普請に従わねばなるまい」

とたしなめた逸話は姫路城の章で紹介したが、これには後日談がある。

三人のやり取りを伝え聞いた家康が、

「不満の大名たちは勝手次第に帰国し、城を固めて自分が行くのを待つがよい」

と言ったので大名たちは恐れをなして普請に精を出し、短期間に城が出来上がったというのである。

慶長十五年（一六一〇）閏《うるう》二月には助役の大名たちが名古屋に詰めるように命じられ、月末から築城工事が始まった。

城地は名古屋台地の西北端に位置していた。北と西は高さ十メートルほどの崖《がけ》になっていて、その下は一面の泥沼だったという。

かつてこのあたりには今川氏豊の那古野《なごや》城があり、織田信長も幼少期を過ごしたことがあるが、新しい城は古城より三百メートルほど西側に本丸をおくことにした。

本丸と二の丸、御深井丸の一部は泥沼を埋め立ててきずくように命じたために、たいへんな難工事になった。

しかしその甲斐あって、北側と西側の広々とした堀から石垣がほぼ垂直に立ち上がった、堅固で美しい城が完成したのである。

城の南側の三の丸には、那古野山と呼ばれる小高い山があった。加藤清正はこのあたりにあった万松寺《ばんしょうじ》（織田家の菩提寺）を宿所として山を切りくずし、築城のための石や材木を運びやすいように平地にした。

「音に聞こえし那古野の山を、ひきやならした肥後の衆が」という俗謡《ぞくよう》が、今も残っているという。

それにしても清正は、どうして大天守と小天守の土台を一手に引き受けると申し出たのだろうか？

清正が日本有数の石垣職人たちを召し抱えていたことは、熊本城の雄大で美しい石垣群からもうかがえるが、あれだけの規模の天守台をきずくには莫大な費用がかかったはずである。

それを率先して引き受けたのは、忠勤にはげんで家康に気に入られようとしたのか、これくらいの助役には充分に耐えられることを見せつけて家康を牽制《けんせい》しようとしたのか、それとも故郷の名古屋に末代まで残る見事な天守台をきずいて錦をかざりたかったのか……。

その判断は難しいが、正則をいさめた逸話からうかがえるように、すでに徳川家の天下が動かぬと見ていたことは確かだろう。その体制の中で豊臣家の存続をはかり、秀吉の恩にむくいたいと考えていたのではないだろうか。

それと同時に、戦国武将としての意地と誇りもある。それだけに他の大名たちが家康の顔色をうかがって汲々《きゅうきゅう》としているのが腹立たしく、一人で難工事を引き受けることで意気《いき》軒昂《けんこう》たるところを示そうとしたのだろう。

清正は熱田に荷揚げした大石を城まで運ぶ時、毛氈《もうせん》でつつみ青い大綱でくくって地車にのせ、錦繍《きんしゅう》の衣装をつけた小姓たちを石の上にならばせた。自身も片鎌の槍《やり》を持って中央に立ち、木《き》遣《やり》を歌って五、六千人に引かせたと、『続撰清正記』には記されている。

沿道には商人たちが来て酒肴《しゅこう》や果物などを売っていたが、清正は金に糸目をつけずにすべて買い取って見物人に投げ与えた。

そのため数万人が輿に乗って石引きに加わり、さしもの大石もあっという間に城まで運ぶことができたという。

また『清正記』には、清正が宿所とした万松寺に女三百人を召し連れ、〈日夜かぶきを興行し、天下の大小名に目をさまさせ〉たと記されている。

着工から三ヶ月あまりで地ならしと堀の掘削《くっさく》を終え、六月三日から石垣の根石《ねいし》置きが始まった。石垣の一番下の石を、城の縄張り図に従ってならべていく作業である。

それからわずか三ヶ月後の八月二十七日に清正は天守台を完成させ、翌日には帰国の途についたのだった。

天守台の角には、今も「加藤肥後守内　小代下総」と大きく刻んだ隅石が残っている。

この銘には己れの存在をアピールしようという意図が露骨に感じられる。

「こんな立派な城をきずけたのは、俺たちの力があったからだぜ」

とでも言いたげである。こんな大胆なことを清正が許したのも、反骨精神のゆえにちがいない。

翌慶長十六年（一六一一）三月、家康は後水尾《ごみずのお》天皇の践祚《せんそ》と即位礼に参列するために上洛の途についた。

秀吉との関係が深かった後陽成《ごようぜい》天皇から、十六歳の若い天皇に譲位させることに成功したのである。

三月十一日、家康は義直とともに名古屋城に立ち寄り、築城の進み具合を視察した。石垣や堀などの普請は完全に終り、櫓《やぐら》や門などの作事《さくじ》も順調に仕上がっていた。

天守閣は半分以上出来上がり、三重目の垂木《たるき》を打ち込む作業にかかっていたと、伊勢町鍛冶《かじ》職与助の『由緒書』に記されている。家康が視察する現場で働いたことが、与助の家の格を決めるほどの名誉になったのである。

今度の上洛に、家康は三つの目的をもってのぞんでいた。

天皇の代替りをとどこおりなく行なうこと。六年前に果たせなかった秀頼との対面を実現すること。そしてもうひとつは、即位礼を機に幕府に忠誠を誓う誓紙を諸大名に出させることだ。

いずれも徳川幕府の体制固めに一歩踏み出す措置《そち》である。もし秀頼がこれに異をとなえたなら、豊臣家を中心とした勢力との合戦になりかねないだけに、家康は名古屋城がどれほど実戦に際して使えるか、入念に確認したのだった。

三月十七日に入洛《にゅうらく》した家康は、二条城で秀頼と対面したいので取り計らうように加藤清正と浅野幸長に命じた。二人とも豊臣家の親戚にあたり、ひときわ関係が深かったからである。

これ以後の推移については、清正の重臣の覚え書きをまとめた『清正記』をもとに物語っていくことにしよう。

二人はさっそく大坂城へ行き、家康の意向を伝えた。

淀殿は以前のとおり反対したが、清正は「もし秀頼さまに万一のことがあったら、それがしも左京大夫（幸長）も生きてはおりませぬ」と言って是非とも応じるように説き伏せた。

三月二十八日、秀頼は淀《よど》川を船で伏見まで向かったが、川の両岸には加藤家と浅野家の軍勢が隙間もないほどに立ちならんで警固にあたった。

伏見から京都までは乗物を用いることにした。

「秀頼さまご成人の様子を、京童《きょうわらわ》どもがおがみたいと申しております」

清正がそう進言し、乗物の左右の戸や屋根の戸を開いていくことにした。清正はかちん（深藍色）の肩衣《かたぎぬ》と袴《はかま》をつけ、乗物に寄りそって京都まで十二キロの道を歩きとおした。

二条城に着くと、家康が玄関まで出迎えた。

二人は互いに丁重な礼を交わしたが、その間清正は秀頼の側を一瞬たりとも離れなかった。

やがて酒宴となり清正も相伴したが、互いに話をつくした頃を見計らい、

「大坂城では母上さまが首尾を案じておられましょう。そろそろお立ちなされませ」

と秀頼にうながした。

家康もそうなされるがよいと同意し、

「さてもさてもご成人目出《めで》たし」

と数々の祝いの品を贈り、玄関先まで見送った。

秀頼は伏見まで乗物を用いたが、清正は行きと同じようにぴたりと側に寄り添い、狙撃者や刺客に目を光らせながら歩いた。

伏見から船で無事に大坂城にもどったわけだが、『清正記』の筆者はこの後に気になる記事を書き留めている。

〈左京大夫幸長は、持病指発（自発か？）の由にて、秀頼公伏見御上着の刻《とき》も、屋敷に居られ候〉

幸長はにわかに病気になったと称し、秀頼が大坂から伏見に着いた時も迎えに出ようとしなかったというのである。「上着の刻も」ということは、それ以後一切行動を共にしていないのだろう。

豊臣家を支える柱石と見られていた清正と幸長が、ここで明らかに袂《たもと》を分っている。幸長は家康の意向をはばかって秀頼と距離をおいたのだろうが、そのことが浅野家を存続させる結果につながったのである。

家康と秀頼の対面を無事に成しとげた清正は天下の称賛をあびたが、帰国の船中で熱病をわずらい、三ヶ月後の六月二十四日に五十歳で他界した。

死の前日、彼は家老や家臣たちに次のような遺言を残している。

〈急いで遺言を残しておく。病がきわまり相果てることになった。肥後国は嫡子虎藤《とらふじ》（忠広）に給わるようにせよ。そうでない場合は、この判形《ばんぎょう》を侍共にいただかせ、籠城の上一戦をとぐべき也〉

加藤家がやがて取り潰されることを、清正は予感していたのかもしれない。

第八章　名古屋城（二）【愛知県】

——三の丸造営だけを後回しにした本当の理由

名古屋城

二〇一〇年、名古屋は開府四百年をむかえる。この節目の年に向けて、地元ではさまざまなイベントが計画されている。二〇〇八年五月十日、御殿《五十》の日と銘打って行なわれた「名古屋城検定」もそのひとつである。

それに先立って名古屋城検定実行委員会が企画編集したテキストも発行された。タイトルは『知れば知るほど、好きになる　名古屋城なるほどなっとく検定』である。

このテキストがよく出来ている。写真も図版も豊富で、名古屋城の入門書としては最適である。

第一回の検定試験には八百二十七名が参加し、七百三十七名が合格した。今回は初級だけだったが、次回は初級・中級の試験を行なうという。

また今年度のうちに、本丸御殿の復元にも着工する予定である。狩野派の絵師が障壁画《しょうへきが》をえがき、三代将軍家光が宿所とした本丸御殿は、昭和二十年（一九四五）五月十四日の大空襲によって天守閣とともに焼失した。

天守閣は昭和三十二年（一九五七）から始まった工事によって再建されたが、

本丸御殿は礎石《そせき》だけを残したまま放置されていた。そこで開府四百年を機に再建しようという気運が高まり、今年度からいよいよ工事にかかることになったのである。

五月後半には、元和《げんな》五年（一六一九）に建てられた西北隅櫓《すみやぐら》が一般に公開された。

六月一日までの期間限定だったので、残念ながら駆けつけることはできなかったが、内部には清洲《きよす》城の古材を多く用い、通し柱を使わずに柱や梁《はり》を頑丈に組み上げてあったという。

この隅櫓も石垣も、四百年の風雪に耐えて往時のままの姿をたもっている。それが当時の歴史や人々の生きざまに我々をいざなう、タイムカプセルの役割をはたしているのである。

さて、四百年前のことである。

慶長《けいちょう》十五年（一六一〇）九月に城の普請がほぼでき上がり、天守閣や櫓《やぐら》などの作事《さくじ》にかかったことは前章で記したが、翌年になって三の丸造営計画がもち上がった。

三の丸の規模は壮大である。西は堀川に面し、東は東外堀町との境まで、およそ千五百メートル。南は外堀通りから北は柳原一丁目との境まで、およそ九百五十メートル。名古屋城の二の丸と西の丸を、鉤型《かぎがた》にぐるりと取り囲んでいる。

ここには今でも三の丸一丁目、二丁目などの地名が残っていて、国や県の主要な役所が立ちならんでいる。南の外堀通りにそって歩けば、空堀となった外堀や、厳重に積まれた石垣や門の虎口《こぐち》を見ることができる。

本丸、二の丸、西の丸などは、西国大名を動員した天下普請できずいたものの、これだけでは大砲や鉄砲、棒火矢《ぼうびや》などを用いた合戦には耐えられない。そこで三の丸をめぐらして守りを強化することにしたのである。

慶長十六年（一六一一）九月、工事担当の佐久間政実《まさざね》が三の丸の設計図を持って駿府《すんぷ》をたずね、家康に是非を問うた。

家康は翌年一月二十七日に名古屋城をおとずれ、自ら城地を視察して着工を命じたのである。

しかしなぜ、三の丸も本丸などと同時に工事を行なわなかったのだろう？　家康ほどの名将が後で不備に気付いたとは考えられないし、天下普請と同時に工事を行なえば西国大名たちを使役することもできたはずである。そうしなかった理由を明記したものはないが、おそらく西国大名たちが敵となる場合を考え、戦いの最前線となる三の丸の工事にはタッチさせなかったものと思われる。

誰かが手抜きをするおそれもあるし、三の丸の状況を敵方に知られては、戦う時にいちじるしく不利になる。

家康は三の丸だけでなく、城と城下を取り囲む総構えをきずくつもりだったが、完成前に大坂夏の陣で豊臣家が滅びたために工事を中断したという。

それほど充分な備えをしなければ安心できないほど、豊臣家の脅威は大きかったのである。

天守閣や櫓、門などの作事は、小堀政一《まさかず》（遠州《えんしゅう》）、大久保長安《ながやす》ら九人の奉行が担当し、大工棟梁《とうりょう》は中井正清、大工頭は岡部又右衛門《またえもん》がつとめた。

城の華である天守閣の作事奉行には小堀遠州が任じられ、中井正清や岡部又右衛門らを指揮して造営にあたった。

この三人は当時最高の技術者である。しかも、家康の右腕となって大坂城包囲網を完成させた藤堂高虎《とうどうたかとら》とは、それぞれ深い縁で結ばれていた。

そのつながりには、名古屋城築城にのぞんだ事情ばかりか、戦国時代を生き抜いた男たちの生きざまが感じられるので、少し詳しく見てみたい。

小堀遠州は天正《てんしょう》七年（一五七九）に、近江《おうみ》国坂田郡小堀村（滋賀県長浜市小堀町）に生まれた。父正次は浅井長政《ながまさ》に仕えていたが、浅井家没落の後は羽柴秀吉の弟秀長《ひでなが》に仕えた。

遠州は大和郡山《やまとこおりやま》百万石の大名となった秀長に小姓として仕え、建築、造園、茶道などにすぐれた才能をあらわした。慶長十三年（一六〇八）には三十歳の若さで駿府城の作事奉行に任じられ、後には内裏《だいり》や二条城の建築にもたずさわった。

小堀遠州作の庭は今日でも名庭園の代名詞になるほど評価が高く、茶道の遠州流の祖としても知られている。三代将軍家光の茶頭《さどう》となり、将軍家茶湯指南《ちゃのゆしなん》と称された。

近江出身の高虎とは、父の代から親しい。

高虎も浅井家に仕えた後に秀長に召し抱えられ、大和郡山では秀長の重臣の一人となっていた。

高虎は早くから遠州に目をかけ、養女を嫁がせて義理の息子にするほど高く買っていたのである。

中井正清も大和の出身で、秀長に仕えて大工として栄達する基礎をきずいた。祖父正範は天文《てんぶん》七年（一五三八）に筒井氏との戦いで敗死し、祖母は父正吉らをつれて法隆寺西里村（奈良県生駒《いこま》郡斑鳩《いかるが》町）に移り住んだ。ここは法隆寺大工の本拠地で、正吉も彼らに大工技術をならって名匠と称されるまでになった。

正清はその技術を受けつぎ、天正十一年（一五八三）には大坂城、天正十四年（一五八六）には方広寺《ほうこうじ》の造営に参加した。

やがて徳川家康に仕え、関ヶ原の合戦の後には五畿内近江六ヶ国の大工、大鋸《おが》支配を命じられた。慶長十一年（一六〇六）には従五位下大和守に任じられるほど重用されていた。

正清は名古屋城ばかりでなく、伏見城、二条城、江戸城、駿府城、内裏、法隆寺、日光東照宮など、幕府がおこなった主要な建築のすべてに関わっている。

現在京都の北野天満宮の宝物殿《ほうもつでん》には、慶長十五年（一六一〇）二月二十四日に中井正清が奉納した虎図の扁額《へんがく》がある。これは名古屋城築城の無事を祈って奉納したものだという。墓は京都市下京区高倉通り松原下ルの長香寺にある。

過日、この寺をたずねて墓参りをした。

墓地の一画に「宗徹道意」という法名を記した、正清の大きな墓が建っている。お寺の方の話では、築城三百五十年を期して名古屋城の天守閣を再建した時には、工事関係の方々が大挙して墓参に来られたという。

築城の名手といわれた高虎は、配下に甲良宗広《こうらむねひろ》を中心とする近江大工と中井正清を中心とする大和大工をかかえていた。

九歳年下の正清とは、大和郡山で秀長に仕えていた頃から親交があり、各地の築城をともにするうちに関係はいっそう深まっていったのである。

岡部又右衛門は尾張熱田《おわりあつた》の出身である。

この地の大工は熱田神宮の造替《ぞうたい》工事などを担当し、高い技術力を保持していた。その力量が織田信長に認められ、岡部又右衛門以言《もちとき》とその子又兵衛以俊《もちとし》は安土《あづち》城築城の大工頭を命じられる。

二人は安土城の天主閣を見事に完成させ、信長から「日本総天主の棟梁」という称号を与えられるが、本能寺の変で信長と運命をともにした。

そこで又兵衛宗光が岡部家をつぎ、豊臣秀頼《ひでより》による方広寺大仏殿の再建や名古屋城の築城を担当することになったが、宗光は築城開始直前の慶長十五年一月十五日に急死した。

宗光には子がなかったために、弟の又右衛門以堅《もちかた》が家をついで工事を担当したのである。

高虎と岡部家の関係は定かではないが、宗光、以堅の兄弟は方広寺の大仏殿再建の頃から中井正清とコンビを組んで仕事をしているので、正清をつうじて連絡を取りあっていたものと思われる。

現代の建設会社にたとえるなら、高虎はプロジェクト担当重役、小堀遠州は現場担当部長、中井正清は設計室長、岡部又右衛門は現場監督といったところではないだろうか。

遠州がいかに高虎を頼りにしていたかを示す、彼自身の手紙が残っている。工事のさなかの慶長十七年（一六一二）六月二十九日に奈良の茶人にあてたものだ。この中で遠州は「我らは御作事にせがまれ、夜は蚊に喰われ申すばかりに候」と記し、蚊に喰われながら工事に忙殺されているとアイロニーを込めて訴えているが、その後に次の一文がある。

〈一、藤泉州（高虎）此頃《このごろ》駿府へ御越し候よし　左様に候はゞやかてやかて勢州へ帰国と中来候　伊勢より必々早々御越にて候〉

必々早々に名古屋に来てくれるはずだという表現に、高虎への思いがにじみ出ている。

高虎も娘聟の遠州に、駿府で家康と打ち合わせをしてから伊勢に帰るとこまめに知らせているのである。

遠州は他の工事担当者をまったく評価していなかった。そのことは手紙の二伸に〈めくらのよりあいにてせめてつえをもちたるめくらならばにて候〉（原文のまま）と記していることからもうかがえる。

それゆえ築城の名手である高虎を、一日千秋の思いで待っていたのである。

彼らの努力によって名古屋城は刻々と完成にむかっていったが、それと同時に大坂城包囲網の最終目標、豊臣家を幕府に臣従させるための謀略もひそかに進んでいた。

それが中井正清がからんだ方広寺大仏殿の棟札《むなふだ》事件、高虎が仕組んだと思われる大仏殿の鐘銘《しょうめい》事件へとつながるのである。


慶長十七年（一六一二）十二月二十九日に大天守閣が完成し、最上階の屋根には金の鯱《しゃちほこ》があげられた。

鯱は雄と雌の一対で、もともとは火事を防ぐまじないとして飾られるようになったものだ。安土城や大坂城の天守閣にもすえられたが、名古屋城のものはひときわ規模が大きかった。

雄は幅一・九二メートル、高さ二・三四メートル。雌は幅一・九七メートル、高さ二・四七メートルとやや大きく、両方とも純度八十パーセントの金のうろこでおおわれていた。その量は小判にして一万七千九百七十五両分になったという。

どっしりと重量感のある大天守閣に燦然《さんぜん》と輝く金の鯱は、徳川家の威勢と経済力を示すシンボルとなったのである。

その三日前、家康は藤堂高虎を駿府城に呼んで密談におよんでいる。

〈同（十二月）二十六日、神君駿城において公（高虎）を召して密談したまう。私に曰く、この密談何という事を知らず。公すべて公儀の《へ》密事を内聞《ないぶん》したまわぬは希なり。しかれども終《つい》に一事も口外したまはず、年を経てもその訳を知る者なし〉

藤堂藩が編纂《へんさん》した『公室年譜略』にはそう記されている。

この時何を密談したか当の高虎がかたく口を閉ざしているのだから知る由もないが、敵の本丸、すなわち大坂城の豊臣家を攻略する段取りであろうことは想像にかたくない。

それも豊臣家を滅ぼすという強硬なものではなく、力を弱めて幕府の体制内に組み込むソフトランディングをめざしたものと思われる。

そのために着手しなければならないことが二つあった。

ひとつは豊臣家を他国に転封《てんぽう》し、大坂商人との関係を断って経済力を弱めること。もうひとつは豊臣家が軍事・貿易の両面で深くかかわっているキリシタン勢力やスペインとの関係を断ち切ることである。

まず後者について見ていこう。

慶長十八年（一六一三）十二月、家康は「伴天連追放之文《バテレンついほうのふみ》」を発し、キリシタンの徒党は、みだりに邪法を広めて日本の政体を転覆しようとしているので、国外に追放すると宣言した。

そうして大久保忠隣《ただちか》を伴天連追放の総奉行に任じ、翌年一月十七日に京都に派遣した。

忠隣はさっそく教会を破壊し、宣教師を長崎へ追放した。また信徒に棄教《ききょう》を迫り、従わない者は奥州へ流罪に処した。

こうした弾圧は豊臣家の領国である大坂や堺でもおこなわれ、宣教師や信徒たちが長崎へ送られた。

彼らは九月二十四日にポルトガル船三隻に乗せられてマカオやマニラに追放されたが、この中にはキリシタン大名として有名な高山右近《うこん》や彼の家族もふくまれていた。

右近は三十万人とも三十七万人ともいわれるキリシタンの最高指導者だった。

カトリックの世界では、洗礼にさいして霊的後見人としての霊父（ゴッドファザー）を必要とした。この霊父と受洗者との間には、実の親子以上の強固なつながりがあり、キリシタンたちは何人かの霊父を中心として強固な組織を形成していた。

その最有力者が右近であり、彼の指示ひとつで三十万人以上の信徒たちが蜂起《ほうき》するおそれがあった。

それゆえ右近を追放し、キリシタンが豊臣家に加担して挙兵するおそれを断つことは、何にもまして重要だった。右近追放の翌月に大坂冬の陣が勃発《ぼっぱつ》するのは、決して偶然ではないのである。

その一方で、スペインに対抗するためにイギリスとの接近を強めていった。家康は慶長十八年（一六一三）八月に駿府でイギリス使節ジョン・セーリスに対面し、通商を許可し平戸《ひらど》に商館を開くことを認めた。

家康はオランダに対しても四年前に同様の権利を与えているが、これは明らかにスペインがイエズス会の求めに応じて豊臣家を支援した場合に備えた措置だったのである。

ついでながら、大坂夏の陣が終った後もオランダ・イギリスとスペインの抗争はつづく。両国は一六一九年にスペインを東アジアから駆逐するための共同防衛艦隊を組織するが、その母港としたのは平戸だったのである。

そして、先にあげた豊臣家に転封を迫る計略が、高虎や正清がかかわった方広寺大仏殿の棟札、鐘銘事件だった。

事件のいきさつは、よく知られているとおりである。

秀吉は天正十七年（一五八九）に方広寺の大仏殿を建立して高さ六丈三尺（約十八・九メートル）の大仏を安置したが、慶長元年（一五九六）に畿内をおそった大地震によって倒壊してしまった。

そこで秀頼は四万数千両という巨費を投じて再建に着手し、慶長十九年（一六一四）にようやく完成させた。

大仏殿の作事にあたったのは、大工棟梁中井正清、大工頭岡部又右衛門のコンビである。

秀頼はこの年八月に落慶法要をいとなむべく、造営奉行の片桐且元《かたぎりかつもと》を駿府に派遣して日程の調整をすすめた。

ところが直前になって、中井正清が大仏殿の棟札に不備があると訴えた。棟梁である自分の名が記されていないが、これは五畿内近江六ヶ国の大工、大鋸支配を命じた家康を軽んじるものだというのである。

つづいて僧清韓《せいかん》が撰《せん》した梵鐘《ぼんしょう》の銘文にも、問題があることが発覚した。「国家安康」「君臣豊楽」の文字は、家康の名を分断し豊臣を君として楽しむという意味があり、家康を呪詛《じゅそ》しているというのである。

これは豊臣家を追い詰めるための言いがかりだという見方が一般的だが、笠谷《かさや》和比古《かずひこ》氏は『戦争の日本史17 関ヶ原合戦と大坂の陣』（吉川弘文館刊）の中で、これは清韓が意図的に記したものだと指摘している。

その根拠は清韓自身が幕府にさし出した弁明書の中に、「国家安康と申し候は、御名乗りの字をかくし題にいれ、縁語をとりて申す也」と記していることだ。かくし題の趣向を取り入れ、家康の名を用いたというのである。

清韓は「とどき候はぬは不才のとがにて候、万事芳免《ほうめん》くだされば、生前死後の大幸也」とものべているから、手落ちがあったことを自ら認めているのである。

ではなぜ清韓ほどの高僧が、このような軽率なことをしたのか？

謎《なぞ》をとく鍵《かぎ》は、その後の清韓と藤堂高虎の関係にある。

高虎は清韓を手厚く庇護《ひご》し、死後は津市内の寺に埋葬させている。また鐘を製作した鋳物師《いもじ》の辻家も津市に本拠地を移し、子孫の代まで藤堂家と関わりを持っている。

つまりこの鐘銘は高虎が清韓とはかって意図的に刻ませ、時期を待って問題ありと騒ぎ立てた可能性がきわめて高い。

高虎らの狙《ねら》いは豊臣家に落度を認めさせ、大坂からの転封に応じさせることにあった。

そうしなければ豊臣家がキリシタンやスペインと手を結んで幕府に対抗する可能性をなくすことはできないと判断したからだが、秀頼や淀殿《よどの》はこの要求を拒否し、大坂冬の陣へ突入する道を選んだのである。

第九章　伊勢亀山城【三重県】

——関ヶ原合戦でも戦場となる

亀山城跡

二〇〇八年の三月から京都と三重県を結ぶ高速バスの運行がはじまった。新名神高速道路を経由し、四日市までは一時間四十五分、津までは一時間五十三分で行くことができる。しかも料金は片道二千五百円、往復だと四千円というありがたい設定である。

このバスに乗って津に向かった。

京都駅八条口を出て山科《やましな》、大津を抜けていく。昔の東海道とまったく同じ経路をたどり、鈴鹿峠をこえて関宿《せきじゆく》にちかい関バスセンターに着いたのが、一時間二十五分後。

この関、亀山のジャンクションで、道は四日市方面と津方面に分かれている。地図で見ればそんなことは明白だが、その場に身をおいてみると、この土地が京都、大阪方面といかに密接に結びついているかがよく分る。

関ヶ原の戦いの後、四日市にちかい桑名《くわな》に本多忠勝を、津と伊賀上野《いがうえの》に藤堂高虎《とうどうたかとら》を配した徳川家康の意図が、なるほどそうかと納得できる。

津市は二〇〇八年度に、高虎入府四百年の記念事業をおこなっている。さまざまなイベントやお祭りが目白おしで、マスコットキャラクターの「シロモチくん」

も活躍しているようである。

将来的には市街地の整備や津城の復元にも取り組み、新しい町づくりにつなげたいという。

地方の過疎化と疲弊がすすむ現代だからこそ、地方分権のスーパーモデルというべき幕藩体制をきずき上げた高虎の知恵が活かされるべきだと思う。

津での取材をすませて亀山に向かった。

ＪＲ紀勢《きせい》線に乗り、一身田《いしんでん》、下庄《しものしょう》をへて三つ目の駅が亀山である。この駅で名古屋と大阪をむすぶ関西本線に合流するので、やはり交通の要所だという実感を強くする。

駅前の観光案内所で案内図をもらい、市内を散策することにした。

亀山は鈴鹿川にそってつづくなだらかな尾根にひらけた町である。駅からつづく坂道をのぼると、旧東海道との交差点がある。

かつてここには亀山宿西町問屋場があった。宿場《しゅくば》の一切を取り仕切る役所で、町は亀山城西の丸の外を通る東海道ぞいにつづいていた。

道の西側の家には、昔をしのぶよすがとなるように「千切《ちきり》屋」「煙草屋」「扇屋」

といった札がかけてある。

問屋場の跡はお城見庭園として整備されている。

ここから東をのぞめば、目の前に外堀の池が広がり、その向こうに高石垣の上に建つ多聞櫓《たもんやぐら》が見えた。東海道を往来する旅人にとって最高のビューポイントだったので、お城見庭園と名付けたという。

池にそった坂道をのぼると、石坂門の跡がある。門の左側には高石垣の天守台があり、二層の多聞櫓が建っている。かつては天守閣があったが、江戸時代の初期に取り壊されたのである。

これには奇妙な言い伝えがある。

幕府は丹波《たんば》亀山城（亀岡市）の天守閣を壊せと命じたのに、誤って伊勢亀山に伝わり、早々《はやばや》と取り壊されたという。命令を受けた幕府の役人が、城を取りちがえたという説もある。

ホンマかいなと眉に唾《つば》したくなる話だが、各地の大名が幕府の威をおそれて汲々《きゅうきゅう》としていた時代だけに、案外そういうことがあったのかもしれない。

城は本丸、二の丸、三の丸、西の丸をそなえた広大なものだが、残念なことに

0
20km
敦賀
岐阜
琵琶湖
関ヶ原
彦根
名古屋
京都
大津
四日市
新名神高速道路
亀山城
大阪
奈良
津
伊勢湾
伊勢

明治維新後に取り壊され、往時の威容を想像することは難しい。

城の北側には古城跡がある。鎌倉時代に関氏《せき》がここに城を建てたが、やがて城地の広い現在地へ移したのである。古城の周辺は公園として整備されていて、市立の歴史博物館や図書館がある。

博物館には三メートル四方ほどの亀山城と亀山宿の模型がある。この出来はすばらしく、見飽きることがない。亀山城跡の現状に失望していただけに、救われたような気がしたものだ。

博物館は市史の編纂《へんさん》室も兼ねているが、亀山城が整備されたいきさつはほとんど分らないという。

寛永《かんえい》十三年（一六三六）に亀山城主となった本多俊次がおこなった改修工事については史料が残っているが、それ以前の状況については確実な史料がないのである。

その欠けた部分を、どう埋めていくか。この章ではそんな難しい作業を迫られることになったのだった。

地政学という分野がある。

国家を有機体としてとらえ、政治的発展を地理的条件から合理的に説明しようとするものだ。

この説になぞらえた言い方をすれば、東国と畿内の政争がおこった場合、かならず合戦の舞台となる重要な地が二つある。関ヶ原と亀山である。

関ヶ原は壬申《じんしん》の乱の時に大海人皇子《おおあまのおうじ》が桃配《ももくば》り山に布陣して大友皇子の軍勢を打ち破ったし、南北朝時代には奥州の北畠顕家《きたばたけあきいえ》軍と室町幕府軍が戦い、慶長《けいちょう》五年（一六〇〇）には関ヶ原の戦いがあった。

いずれも国家の運命を左右する大激戦である。

一方亀山は、東西激突のバイパスとして利用されることが多かった。

その最初の例はヤマトタケルである。

東国遠征を終えたタケルは、関ヶ原を通ってヤマトに帰ろうとするが、伊吹山《いぶきやま》の荒ぶる神に敗れ、伊勢を抜けてヤマトにもどろうとする。

しかしノボノで力尽き、魂だけが白鳥となって故郷にもどる。その終焉《しゅうえん》の地が亀山市内の能褒野《のぼの》だといわれ、祭神として祀《まつ》られている。

戦国時代にも三度、亀山は大軍の通路とされ、戦に巻き込まれたことがあった。

最初は天正《てんしょう》十一年（一五八三）の賤ヶ岳《しずがたけ》の戦い。秀吉と織田信孝《のぶたか》、柴田勝家《かついえ》が信長の後継者の座をかけて争った時である。

この頃、亀山城の城主は関盛信《もりのぶ》だった。

関家は鎌倉時代以来この地方を領有してきた名家で、本能寺の変後はいち早く秀吉の身方をした。

ところが伊勢は信孝の勢力が強く、関家の重臣の中には信孝に身方するべきだと考える者が多かった。

彼らは天正十一年正月、関盛信が秀吉に年賀の挨拶をするために出かけた隙に亀山城を占拠し、信孝派の滝川一益《かずます》に引き渡した。

伊勢長島《ながしま》の城主だった一益は、亀山城に重臣の佐治益氏《さじますうじ》を入れ、鈴鹿峠の守りを固めて秀吉の来襲にそなえた。

秀吉は一ヶ月後の閏《うるう》正月七日、大軍をひきいて姫路を発ち、軍勢を三方に分けて伊勢に迫った。

弟の羽柴秀長《ひでなが》隊は美濃《みの》から、甥《おい》の羽柴秀次《ひでつぐ》隊は北近江《きたおうみ》から君ヶ畑《きみがはた》越えで、そして秀吉の本隊三万は鈴鹿峠の北にある安楽《あんらく》越えで、敵地になだれ込んだ。

関盛信を先陣とする本隊は、閏正月二十六日の早朝から亀山城に攻めかかり、二十九日の夕方に攻め落とした。

勢いづいた本隊は滝川儀太夫益重《ますしげ》がこもる峯城に攻めかかったが、二ヶ月間も落とすことができなかった。

その間に越前《えちぜん》の柴田勝家が北近江に侵攻し、秀吉軍の背後をおびやかした。

秀吉は峯城に押さえの兵を残して北近江に向かい、勝家勢とにらみ合いをつづけたが、その背後を衝くべく織田信孝が岐阜《ぎふ》城で挙兵した。

亀山城の乗っ取りも、こうした一連の計略に従ってのことではないかと思えるほどの鮮やかな連係プレーで、秀吉は絶体絶命の窮地におちいった。

ところが秀吉は、ここから奇跡的な逆転劇を演じる。

北近江からいったん大垣城にもどって岐阜城にそなえると見せかけ、勝家勢が賤ヶ岳まで出てきたとの報に接すると、急きょ軍勢を返して四月二十日に賤ヶ岳の戦いに大勝したのである。

しかもそのまま越前北ノ庄城（福井市）まで追走し、四日後に勝家を自刃《じじん》させたのだった。

二度目は翌天正十二年（一五八四）の小牧《こまき》・長久手《ながくて》の戦い。秀吉と織田信雄《のぶかつ》、徳川家康が戦端をひらいた時である。機先を制して亀山城を奪い取ろうとした信雄は、神戸正武に五百の兵をさずけて奇襲させた。

この時城主の関一政《かずまさ》（盛信の子）は外征の途についていたために、城には隠居した盛信（万鉄斎）ら十三人しかいなかった。

盛信は無勢を敵に見抜かれないように、敵が迫った頃を見計らって城下町に火を放ち、十三人で五百人の中に斬り込んだ。

おそらく全員騎馬だったのだろう。火と煙に巻かれてうろたえる敵の中に駆け入り、縦横無尽に戦った末に追い払ったのである。

目論見がはずれた信雄は、峯城に五千の兵を入れて秀吉軍にそなえたが、羽柴秀長を大将とする三万余の大軍にあえなく攻め落とされた。

秀長軍はそのまま松ヶ島城（松阪市）の攻撃に向かい、秀吉は五万余の大軍をひきいて関ヶ原を越え、三月二十九日に犬山城に近い楽田《がくでん》に到着した。

秀長軍も四月六日に秀吉本隊に合流し、四月九日の小牧・長久手の戦いにのぞむのである。

この合戦で秀吉軍は徳川家康の軍勢に大敗し、池田恒興《つねおき》、森長可《ながよし》らを討死させる。

ところが十一月まで半年以上もつづいたにらみ合いの末に、秀吉は織田信雄と単独講和を結び、家康から合戦をつづける大義名分を奪うことによって難局を切り抜けたのだった。

二度までも亀山城を守り抜いた関盛信、一政父子は、天正十八年（一五九〇）に蒲生氏郷《がもううじさと》が会津四十二万石に転封《てんぽう》になると、これに従って白河城に移った。鈴鹿の関を守りつづけた名家は、今度は白河の関の守りにつくことになったのである。

これにかわって亀山城には、かつて峯城の城主をつとめていた岡本良勝が入った。

良勝は亀山城を改修し、今の本丸、二の丸、三の丸にあたる部分を造営し、高石垣の天守台と天守閣をきずいた。

城の基本形が作られたのはこの時と見て、まず間違いないと思われる。

三度目の争乱は、関ヶ原合戦の時におとずれた。徳川方の伏見城を攻め落とした毛利秀元らは、三万余の大軍をひきいて鈴鹿峠から伊勢に侵攻した。

徳川家康らが会津討伐に出かけている間に、伊勢、美濃を押さえ、長良《ながら》川、木《き》曾《そ》川を前にあてた防衛戦を張ろうとしたのである。

亀山城主の岡本良勝は西軍に属し、安濃津《あのつ》城（今の津城）の富田信高を攻めた。信高は伊勢上野城の分部光嘉《わけべみつよし》、松坂城の古田重勝《ふるたしげかつ》らとともに東軍に属し、安濃津城に兵をあつめて抗戦したが、総勢は二千人にも満たなかった。

八月二十四日、城は西軍の総攻撃を受け、信高は高野山の木食《もくじき》上人の仲介によって降伏する。

勢いにのった西軍はそのまま北へ進み、福島正則《まさのり》の弟正頼が守る伊勢長島城に攻めかかった。

岡本良勝もこの攻撃に加わり、関ヶ原合戦の当日も押さえの兵として長島に残っていたようだが、西軍大敗の報を聞き、亀山城にもどることもできないまま自刃した。

その後亀山城には、東軍に属して手柄を立てた関一政が三万石の大名として復帰した。

天正十八年の国替え以来十年ぶりに父祖の地にもどった一政は、さぞ嬉しかったにちがいない。関宿や亀山宿の伝馬《てんま》の制をととのえたり、東海道に一里塚をきずいて旅人の利便をはかったりと、領国経営に専念した。

家康は慶長八年（一六〇三）に征夷《せいい》大将軍の宣下《せんげ》を受けた後と、慶長十年に秀《ひで》忠《ただ》の将軍就任をはからった後に、東海道を通って帰国の途につき、亀山城に泊っている。

一政はさぞ緊張して接待につとめたことだろうが、東海道の要地を預かる誇りも感じていたにちがいない。

そして運命の慶長十五年（一六一〇）閏二月十四日、一政は幕府から亀山城を改修するように命じられた。

大坂城包囲網の一翼をになうためで、奉行として岡部内膳正《ないぜんのかみ》正盛が派遣されたという。

一政は関家の総力をあげて改修工事にあたったことだろうが、五ヶ月後の七月十九日には突然伯耆国《ほうき》（鳥取県）黒坂五万石への転封を命じられた。かわりに入封したのは、家康の外孫である松平忠明《ただあきら》である。亀山の要地を外様大名に任せておけないと思った家康は、一政に城の改修だけさせて遠国へ追い払ったのである。失意の一政は政治への意欲を失ったのだろう。元和《げんな》四年（一六一八）に重臣たちの内紛がおこり、関家は改易《かいえき》された。

こうした混乱の中で散逸したのか、慶長十五年（一六一〇）の亀山城の改修については、ほとんど記録が残っていない。

岡部正盛が奉行として派遣されたという記述も、『亀山地方郷土史』という本に記されているだけで、何を根拠にした記述であるか分らないという。

岡部内膳正長盛は慶長十四年（一六〇九）に丹波亀山城主となり、翌年二月から亀山城の改修を手がけている。高虎がきずいた今治《いまばり》城の天守閣を移したのは、この時のことである。

岡部正盛が亀山に派遣されたという記述は、長盛と混同したのではないかという説もあり、真相はよく分らない。

ただひとつの手がかりは、大工頭の中井家に伝えられた「亀山御城御差図」という二枚の図面（『復元大系日本の城第四巻、東海』ぎょうせい刊所収）だけである。

一枚は本丸御殿、もう一枚は城全体の図で、作成されたのは寛永十年（一六三三）に城を改修した時だという。

この図面は旧来の建物を茶色、新築する建物を青色で記してあり、茶色の部分が天正十八年（一五九〇）の築城や慶長十五年（一六一〇）の改修できずかれたものと考えられる。

重要なのは本丸、二の丸、三の丸の全体図が、江戸期に完成された亀山城の状況とほとんど重なることである。

ちがうのは西の丸が整備されていないことくらいだが、青木門はすでに描かれているので、ここを大手門としていたことがうかがえる。

中井家にこの図面が残っているのは、寛永十年に工事を担当したからだろうが、慶長十五年にも中井正清がこの地にやって来て改修にたずさわっていた可能性は高い。

現在亀山市史の編纂がおこなわれているので、新しい史料が発見され、亀山城の歴史が解明されることを期待してやまない。

松平忠明は奥平信昌《のぶまさ》と家康の娘亀姫の四男として生まれたが、両親の結婚にも戦国時代らしいドラマがあった。

奥平信昌は武田信玄に属していたが、信玄の死後家康に通じ、長篠《ながしの》城を与えられた。

これを知った武田勝頼は大いに怒り、人質としていた信昌の妻を磔《はりつけ》にして長篠城へ攻め寄せた。

史上に名高い長篠の戦いの幕が切って落とされたのである。

信昌はわずかな手勢で敵を防ぎ、家康、信長軍の来援を待った。

岡崎城に使いに出て城にもどろうとした鳥居《とりい》強右衛門《すねえもん》が、磔柱に上げられながらも来援のあることを城中に告げ、槍《やり》で串刺しにされたのはこの時のことである。

天正三年（一五七五）五月二十一日の戦いで、徳川、織田連合軍は武田勢に大勝した。

信長は城を守り抜いた信昌の働きを絶賛し、信の一字を与えた。信昌と名乗るようになったのは、それからのことである。

家康は信昌が妻を失ったのを不憫《ふびん》に思い、娘である亀姫を嫁がせた。信昌はその後長久手の戦いでも森長可の軍勢を破る働きをし、関ヶ原合戦の後には美濃の加納城主となって十万石を与えられた。

嫡男の家昌はすでに宇都宮城主として十万石を与えられているので、三男忠政を加納城の後継ぎとし、四男忠明を亀山五万石の大名として独立させたのである。

忠明は天正十一年（一五八三）の生まれで、六歳の時に家康のお目見えにあずかり、養子となって松平の姓を与えられた。

亀山入封の時には二十八歳という壮年だった。

慶長十七年（一六一二）三月、忠明は家康から甲冑《かっちゅう》や鉄砲、大筒《おおづつ》、弓、槍などの武器を与えられた。これは大坂の陣にそなえて軍備を充実させるための措置だった。

そしていよいよその時がやってきた。

慶長十九年（一六一四）十月一日、家康は大坂城攻撃を決断し、二日に忠明と桑名城主本多忠政（忠勝の子）に、伊勢の軍勢をひきいて琵琶《びわ》湖の瀬田まで進むように命じた。

瀬田の唐橋《からはし》は源平争乱の昔から、東国勢が都に攻め登る際に真っ先に占拠しようとした所である。

家康もここを押さえて伏見や京都への通路を確保しようと、忠明らに鈴鹿峠をこえて瀬田に急行するように命じたのだが、同じ日に思いもよらないことが起こった。

父の跡をついで美濃加納城主となっていた三男忠政が、三十五歳の若さで急逝したのである。しかもその八日後には、長男家昌までが後を追うように他界した。

これが偶然なのか、何者かが刺客を放って暗殺したのかは分らない。対応を迫られた家康は、忠明に忠政のかわりに西美濃衆をひきいて伏見に出陣するように命じた。

忠明は十月十二日に加納城へ行って父信昌と対面し、奥平家の兵と西美濃衆を集めて出陣する仕度をととのえた。

十六日には関ヶ原を抜けて伏見にいたり、本多忠政がひきいる伊勢衆と合流した。

十九日には忠明は山城の淀《よど》に、忠政は河内《かわち》の枚方《ひらかた》に布陣し、京都と大坂の間の人馬の往来を取締った。徳川方の先陣として、最前線の警備をまかされたのである。

十一月四日には大坂城に近い平野まで軍勢を進めたが、十二月十九日に両軍の和議が成り、冬の陣で敵方と激突する機会はなかった。

翌慶長二十年三月、大坂方が再び兵を挙げたために、忠明は西美濃衆をひきいて本多忠政の伊勢衆とともに出陣した。

四月二十六日には松平忠輝《ただてる》の指揮下に入るように命じられ、五月六日に道明寺畷《なわて》で後藤又兵衛、薄田隼人《すすきだはやと》らと激戦をくり広げ、ついにこれを討ち取った。

豊臣家が滅亡してから一ヶ月後、忠明は十万石に加増されて大坂城に入った。戦火で荒れ果てた大坂の復興を託されたのである。

復興は順調に進み、元和五年（一六一九）には大坂は幕府の直轄地となり、大《おお》坂城代《さかじょうだい》が西日本の諸大名の統率にあたることになった。

このため忠明は大和郡山《やまとこおりやま》十二万石の大名となり、寛永十六年（一六三九）三月には姫路城主となって十八万石を与えられた。

他界したのはそれから五年後のことで、行年《ぎようねん》六十二歳だった。

忠明は『当代記』の筆者と言われているが、その確証はいまだにないようである。

第十章　津城、伊賀上野城【三重県】

――藤堂高虎の手により、ついに包囲網が完成

伊賀上野城

三重県桑名《くわな》市から鳥羽《とば》市まで、伊勢湾は弓型の海岸線をえがいている。その弓のちょうど真ん中に位置するのが、県庁がおかれている津市である。

この地は平安時代から東国と西国を結ぶ港として発展してきた。古くは安濃津《あのつ》と呼ばれ、博多や薩摩《さつま》の坊ノ津とならんで日本の三津《さんしん》に数えられている。

大永《たいえい》二年（一五二二）八月に安濃津をおとずれた連歌師の宗長《そうちょう》は、四、五千軒もの寺社や家屋が立ち並んでいると日記に書きとめている。

これほどのにぎわいをみせたのは、太平洋を通って東国からやってきた船の寄港地だったからだ。

津の港で降ろされた荷物は、東海道を通って京都に運ばれたり、伊賀《いが》越えの道（現在の名阪国道）によって大坂に運ばれたりした。

それゆえ安濃津には京都や大坂の商人が支店を出し、東国との交易にあたったのである。

この港は伊勢神宮の参拝客が通る宿場町でもあった。

俗謡《ぞくよう》に「伊勢は津でもつ、津は伊勢でもつ」と唄われたように、両者は密接な関係を保ちながら発展してきた。

この枢要《すうよう》の地に藤堂高虎《とうどうたかとら》が入府したのは、慶長《けいちょう》十三年（一六〇八）九月のことである。伊予《いよ》の今治《いまばり》城が完成して間もなく、伊賀一国と中部伊勢を合わせた二十二万石に転封《てんぽう》を命じられたのだった。

高虎は慶長十六年（一六一一）二月から本格的に城の修築にかかり、二年後には日本一の幅の内堀（約九十メートル）をもつ津城と、日本一の高さの石垣（約二十七メートル）をそなえた伊賀上野《うえの》城を完成させた。

そうして長野峠を越える伊賀街道（国道一六三号線）によって二つの城を結びつけ、東国からの兵員や物資を大坂に送り込む態勢をととのえたのである。

この工事の完成によって大坂城包囲網が万全なものとなり、翌年には方広寺《ほうこうじ》大仏殿の鐘銘《しょうめい》問題をきっかけとして、大坂冬の陣の戦端がひらかれたのだった。

地図を見ていただきたい。津と伊賀上野を最短距離でむすぶ伊賀街道は、弓型の海岸線につがえた一本の矢に見えないだろうか。

家康はこの弓をぎりぎりと引きしぼり、大坂城にぴたりと狙いを定めたのだった。

二〇〇八年七月十九日、「藤堂高虎公入府400年記念講演会・記念対談」が津市で開かれた。

筆者《わたし》も歴史小説家の立場から見た高虎像という内容で講演をおこない、三重大学の藤田達生《たつお》氏や津市長の松田直久《なおひさ》氏とのシンポジウムにのぞんだ。

入府400年祭がおこなわれていることもあって市民の方々の関心は高く、会場となった津リージョンプラザお城ホールは満員の熱気につつまれていた。

集まった方々の最大の関心事は、津城の復元がなるかどうかだった。

築城の名手であった高虎が最新の知識と技術をもちいてきずいた津城を復元することは、歴史に関心のある方々の長年の夢だった。入府四百年を記念して、それを実現しようという気運が高まっていたのである。

折しも400年祭に合わせたかのように、城跡の南の建設工事現場から、日本一の内堀の遺構《いこう》が見つかった。

それゆえこの工事を中止して市が用地を買い取ることができれば、内堀のかなりの部分を復元できる目途が立ったのである。

「これは高虎公から我々へのメッセージですよ。城と内堀を復元して市の発展につなげなければ、高虎公に申し訳ない」

関係者の意気込みは高まるばかりだが、これには政治的にも経済的にも難しい問題を乗り越えなければならない。

そのことについて市長の松田氏がどう考えておられるのか、聴衆は固唾《かたず》を呑んで見守っていた。

「市民の皆さんから城の復元をという声が高まってくるならば、復元したいという思いはあります」

松田氏はかなり前向きな発言をされた。

立場上軽々には言えないことも多いだろうが、歴史に目を向けた町作りをしたいという意欲は充分に伝わってきたのである。

伊賀、伊勢に転封を命じられた高虎は、九月下旬に伊賀上野城に入り、十月初めに津城に入った。

旧領主から城と所領の引き渡しを受け、領民には諸役免除などの優遇措置を示して懐柔につとめた。

十月八日に発令した「御免許の条々」で、高虎は公儀の用以外の伝馬《てんま》の役は申し付けないことや、酒、麴《こうじ》、紺屋《こうや》の染め物、こんにゃくの生産には年貢をかけないことを約束している。

また、築城工事などで職人や人夫を使用した時には手間賃を支払うと律義に明言している。

転封になった先で領民と対立し、家の改易《かいえき》につながるような騒動を引き起こした例は多いので、領国経営にはひときわ気を使っていたのである。

津に入った高虎は、まず城と町作りのプランを立てた。

目的は二つある。

ひとつは大坂の陣が始まった場合に補給基地となりえる強固な海城にすること。もうひとつは将来の経済的発展を見すえた城下町を作ることである。

前任者の富田知信の時代には、城は本丸、二の丸、三の丸と東に向いて直線的にならんでいた。これは東からの攻撃を想定した構えである。

城は岩田川で海とつながっていたが、城と海との間には伊勢街道が通っていたので、敵がこの道を進撃してきたなら海への水路が簡単に断ち切られる。

そこで高虎は大坂方面からの攻撃を想定した北向きの城に作り直した。

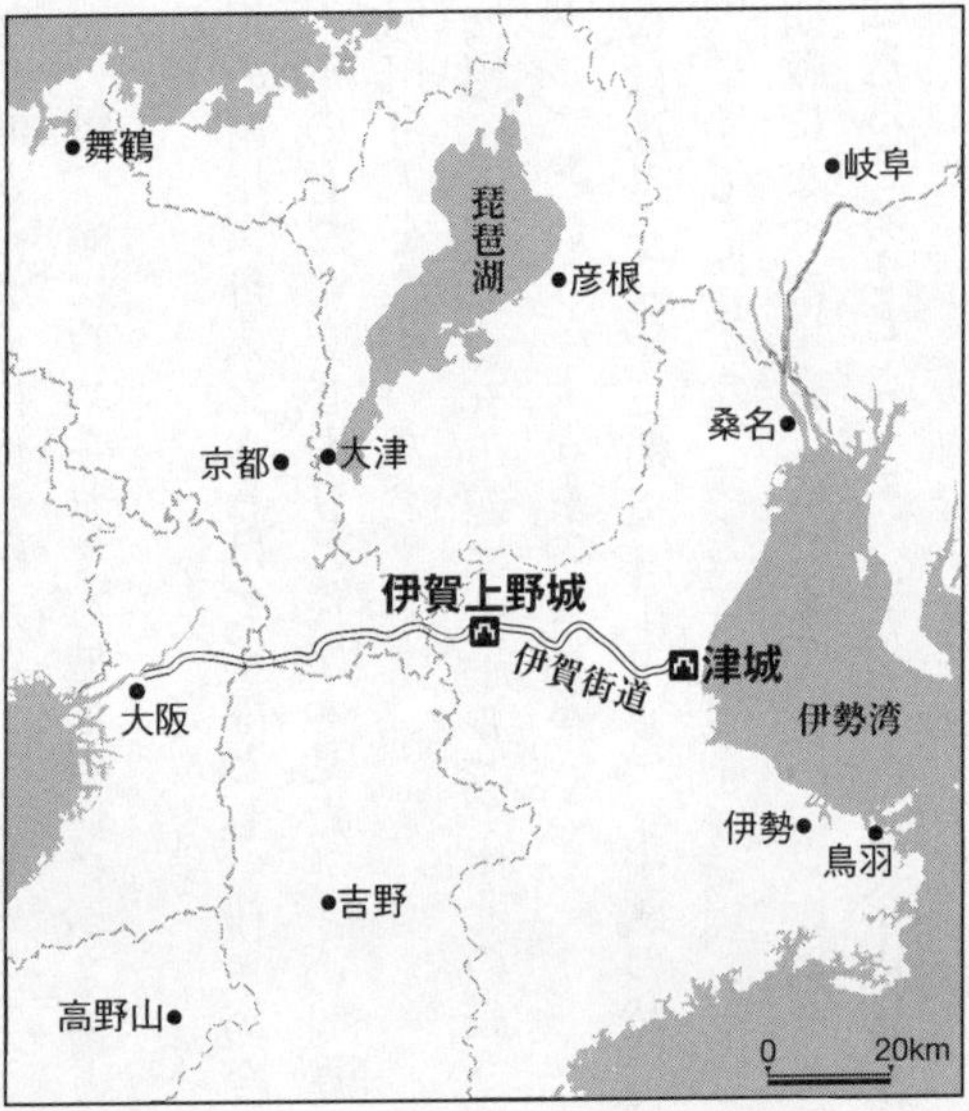
舞鶴
岐阜
琵琶湖
彦根
桑名
京都
大津
伊賀上野城
伊賀街道
津城
大阪
伊勢湾
伊勢
鳥羽
吉野
高野山
0
20km

伊勢街道も城の北の塔世《とうせ》川にかかる橋をわたり、大手門の前を通って津の城下を抜けて伊勢に向かうように作りかえた。

こうしておけば、敵に攻められても城の南側にある海との水路を守り抜くことができる。

また岩田川の南岸に舟入をもうけて軍港とし、伊予の今治から従ってきた来島《くるしま》水軍や佐伯水軍の者たちをまわりに住まわせた。その対岸には、軍事物資を運び込むための堀川舟入をきずいた。

その規模は幅三十間（約五十四メートル）、南北の長さ四町五十四間（約五百三十三メートル）という巨大なものである。

大潮の時には深さが一丈（約三メートル）、小潮の時には七尺（約二・一メートル）、干潮になると四尺（約一・二メートル）だったという。

家康は長期戦になった場合にそなえて、駿府《すんぷ》城にちかい清水港から船で兵糧、弾薬を畿内に送る態勢をととのえていたが、その大半は津港で荷揚げする予定だったのである。

津城は潮の干満の影響をもろに受ける。

そこで高虎は岩田川と外堀との間に長堤《ちょうてい》をきずき、堤に仕掛けをして満潮の時に入ってきた魚が外に出られないようにした。入ってくる魚は鯔《ぼら》が多かったので、外堀はいつの間にか鯔堀と呼ばれるようになった。

伊勢街道の付けかえと堀川舟入の設置は、城下の経済的な発展にも寄与するものだった。

街道を城下に引き込んだことで、お伊勢参りをする参詣客はかならず城下に立ち寄るようになり、旅籠《はたご》や茶店、みやげ物屋が繁盛するようになった。

堀川舟入は漁港として発展し、堀の西側には浜町や築地町ができた。東国の産物をつんできた船の荷揚げ場所や、対岸の知多《ちた》半島から船でお伊勢参りをする人々の船着場としても利用されたことだろう。

高虎は津城と並行して伊賀上野城の修築にもかかっている。津城が補給基地なら、上野城は大坂城攻めの際の兵站《へいたん》基地の役割をになっていた。

伊賀街道を通れば、津から上野まではおよそ四十七キロという近さである。上野から木津川の水運を利用すれば、大坂までわずか一日で荷物を送り届けることができる。

それゆえ東国から運んだ兵糧や弾薬を、津から上野に送って備蓄し、必要に応じて大坂に送り込む態勢を作り上げようとしたのである。

また上野城は、大坂方が津や亀山に攻め寄せて来た場合に防塁《ぼうるい》の役目もはたさなければならなかった。

万一大坂城を攻めあぐねて苦戦におちいった場合には、家康は上野城に、秀忠《ひでただ》は彦根城にたてこもって長期戦に持ち込むつもりだったという。

その場合にはなおさら、津から上野という補給路を確保しておくことが重要になる。家康はそこまで見越して、伊賀から伊勢におよぶ領国を高虎に託したのだった。

前任の筒井定次の頃には、上野城の大手も城下町も北側にあり、東から攻めて来る敵にそなえた城作りをしていた。

高虎は大手も城下町も城の南側に移し、西から攻められた場合にそなえた城作りをした。

しかも家康が籠城《ろうじょう》する場合も想定しているだけに、城の西側には高さ十五間（約二十七メートル）の石垣と、幅十五間の深堀をきずいて難攻不落のかまえを取った。

高虎はこの石垣の西側に屋敷をきずいて在国中の居館とし、その南側に三棟の長倉を建てた。

倉の幅はいずれも四間（約七・二メートル）で、内の倉は長さ六十八間（約百二十二・四メートル）、中の倉は七十二間（約百二十九・六メートル）、外の倉は八十四間（約百五十一・二メートル）だった。

四間四方に区切られた区画を一戸と呼び、一戸には米二千俵が入ったという。三棟合わせれば五十六戸となり、十一万二千俵の米を収容する能力があった。

こうした臨戦態勢の城をきずきながら、城下町は住みやすさと利便性を考えて碁盤の目状にしているところが、高虎の非凡なところである。

普通の城下町は、敵の侵入を防ぐために道路の幅を狭くしたり、鉤型のクランクをもうけたりしているが、上野の城下町には幅三間（約五・四メートル）の道路が縦横に走っていた。

これは軍勢の移動や後方からの物資の補給をすみやかにする意図もあっただろ

うが、大坂方との戦に勝った後を見据えて平和な時代に即した町作りをしたと考えられるのである。

慶長十九年（一六一四）十月、家康は大坂城攻めの軍令を発した。大坂冬の陣の始まりである。

江戸城修築にあたっていた高虎は、十月四日に駿府で家康に対面し、先陣を命じられて津に向かった。

津に着いたのは十一日。十三日には六千の兵をひきいて上野城に移り、十七日には木津まで進んだ。

ここで家康の上京を待ち、二十三日には二条城で家康と会って作戦を打ち合わせた。

家康は十一月十七日に住吉に着いたが、すでに二十日には講和の可能性をさぐり始めている。家康の目的は豊臣家を滅ぼすことではなく、圧倒的な兵力差を見せつけて国替えに応じさせることだった。

豊臣家が大坂の地を明け渡し、一大名として幕府の意に従うなら、存続させることに何の不都合もなかったのである。

十二月二十日、両軍の講和がなった。

秀吉がきずいた巨大な城に拠って頑強に抵抗をつづけていた大坂方も、備前《びぜん》島から外国製の大砲で天守閣を砲撃されたことで、これ以上戦っても勝ち目がないことを悟ったのである。

この時の和議の条件の中に、大坂城を明け渡すなら、何国といえども望み次第に国替えに応じるという一文がある。

これこそ家康の意図を明確に表わしているが、豊臣家は大坂の地から離れることを拒み抜いた。

翌年四月、家康は再び大坂攻めの軍令を発し、大坂夏の陣が始まった。

高虎は四月二日に五千の兵をひきいて津城を出発している。

右先鋒《せんぽう》は藤堂良勝、左先鋒は藤堂仁右衛門、中軍は藤堂高吉《たかよし》と渡辺勘兵衛とし、馬上四百四十三騎、鉄砲五百挺という編制だった。

四日に上野城を出発し、五日には淀《よど》に着いて家康の上京を待った。その間にも大坂方が京都に放火するのを防ぐために、警備の兵を出して諸人の通行を監視した。

夏の陣の激戦は、一ヶ月後の五月六日に始まった。

大和郡山《やまとこおりやま》から進撃する松平忠輝《ただてる》の軍勢を後藤基次《もとつぐ》、真田幸村《ゆきむら》らの軍勢が迎え撃ち、八尾《やお》の南の道明寺で激戦となった。

同じ頃、八尾の北の若江《わかえ》では、徳川本隊の先陣をつとめる藤堂高虎と木村重成《しげなり》、長宗我部《ちょうそかべ》盛親《もりちか》らの遭遇戦が始まった。

藤堂勢は東高野街道を南下して松平忠輝らと合流しようとしていたが、家康、秀忠の本陣を急襲しようとしていた木村、長宗我部勢と朝霧の中で出会ったのである。

諸将は先手を取って攻めかかるように進言したが、高虎は忠輝勢と合流するようにという軍令を受けていたために、秀忠の本陣に指示をあおぎに行こうとした。

その間にも本隊は道明寺方面に進軍させ、弓銃隊だけこの場に残って次の指示を待つように命じた。

攻撃の許可が下りたなら急いで取って返し、自ら弓銃隊をひきいて戦うつもりだったのだろうが、この判断の誤りが藤堂勢に致命的な損害をもたらすことになった。

その直後に朝霧が晴れ、木村、長宗我部勢が一万以上の大軍だということが分った。

相手にもこちらの陣容は丸見えになっているのだから、もはや軍令にこだわっている場合ではない。

高虎はすぐに開戦を命じたが、道明寺方面に進んでいた本隊は、弓銃隊のそなえがないまま長宗我部勢と戦わざるを得なくなった。

左の先鋒である藤堂仁右衛門隊は、水田の畦道《あぜみち》伝いに玉串川の堤に出た。敵は目の前にいるが、頼みの鉄砲がない。やむなく槍《やり》をふるって突撃したが、長瀬川の堤の上に兵を伏せて待ち構えていた長宗我部勢の反撃にあってあえなく討死した。

中軍の先陣をつとめる藤堂氏勝は、仁右衛門隊を側面から支援するために北側の道を並行して進んでいた。ところが途中で畦道が切れていたために、八尾方面に大きく迂回《うかい》しなければならなかった。

長瀬川に出た時にはすでに仁右衛門隊が敗走していたために、大敵の中に突撃して氏勝も討死した。

右先鋒の藤堂良勝は、副将藤堂良重とともに若江方面から来る木村重成勢に戦いを挑んだ。

一時は敵を追いまくって若江まで後退させたが、側面から来た伏兵に奇襲され、良勝、良重ともに討死した。

劣勢の中にあって奮戦したのは、渡辺勘兵衛である。

高虎に二万石で召し抱えられた勘兵衛は、客将のあつかいなので独自の軍団を編制していた。それゆえ弓銃隊もそろっていて、いつも通りの戦をすることができた。

勘兵衛隊が奮戦している間に本隊の弓銃隊も駆け付け、一気に長宗我部勢を敗走させた。

この時勘兵衛は敵を追走して大坂城下に攻め込むべきだと主張したが、高虎は許さなかった。

手勢はあまりに大きな被害を受けていたし、一軍だけ突出しては徳川軍全体の調和が乱れると考えたのである。

この争いがもとで両者の関係は険悪になり、四ヶ月後に勘兵衛は藤堂家を致仕したのである。

五月六日の戦いで藤堂勢は七百八十八人（その内、兜《かぶと》付きは四百四十二人）を討ち取る大戦果を上げたが、身方も藤堂一門の大将五人、直臣三十一人、陪臣《ばいしん》十六人、足軽を合わせると三百人あまりを失う被害を受けた。

翌七日にも激戦がおこなわれ、八日に大坂城は落城した。

高虎は十日に上京して家康と今後の方針について話し合い、十七日から二十二日まで南禅寺で討死した将兵の供養をおこなった。

一日一隊ずつ犠牲者を弔《とむら》う丁重なものである。自分の判断ミスによって将兵を討死させた心の呵責《かしやく》は、それほど大きかったのである。

先日ふらりと南禅寺に立ち寄った。

正面の巨大な三門は、大坂の陣で亡くなった将兵を供養するために高虎が寄進したものである。

楼門の二階にあがると京都の町が一望に見渡せる。

極彩色のかざりをほどこした部屋には宝冠釈迦《ほうかんしゃか》如来《にょらい》像が安置され、鬼気迫る形相をした十六羅漢《らかん》が両脇を固めている。

その前には家康と高虎、金地院崇伝《こんちいんすうでん》の小さな像が置いてある。

法堂《はっとう》の奥にある大方丈の庭園は、小堀遠州《えんしゅう》が設計したものだ。大海原に見立てた白砂の奥に、親虎と二匹の子虎をかたどった石が配してあり、「虎の子渡し」と呼ばれている。

これをながめているうちに、親虎は高虎、子虎は遠州と崇伝のような気がしてきた。

遠州は高虎の娘聟であり、崇伝も高虎の正室久芳夫人の一門である。

どこか愛敬のある「虎の子渡し」は、高虎に導かれて太平の世をきずいたことを現わすために、遠州がひそかな寓意《ぐうい》を込めて配置したのではないか。

そう思えて仕方がないのである。

あとがき

大坂城包囲網の要塞をゆく旅は、慶長五年（一六〇〇）の関ヶ原の戦いから、慶長二十年（一六一五）の大坂夏の陣による豊臣家の滅亡までをたどる旅でもあった。

我々は長い間、この間の出来事を徳川家康による豊臣政権の切り崩しと権力簒《さん》奪《だつ》の過程ととらえてきた。

天下を取ろうと目論《もくろ》む家康はさまざまな権謀術数《けんぼうじゅつすう》をもちい、秀吉の死につけ込んで幼い秀頼《ひでより》やか弱い淀殿《よどどの》を手玉に取り、ついに豊臣家を亡ぼして目的をとげたというのが一般的な見方だった。

織田がつき、羽柴がこねし天下餅
　座わりしままに喰うは徳川

という世間に広く知られた狂歌は、こうした見方によるものである。

しかしそれは、豊臣と徳川の戦いを戦国大名による覇権《はけん》争いの延長という面からだけとらえた、あまりに紋切型の解釈ではないだろうか。これでは世論の支持はどうであったかとか、両者の政策や方針のちがいは何かという視点が抜け落ち、英雄による天下取りゲームのように単純化された史観におちいってしまう。

これから必要とされるのは、豊臣政権から徳川政権への移行という視点でこの十五年間をとらえ直すことだと思う。

豊臣政権は天皇の権威を借りることによって中央集権策を押しすすめ、朝鮮出兵を強行したものの、惨憺《さんたん》たる失敗に終った。

諸大名は秀吉から命じられた軍役をはたすために、領民からの年貢や人員の収奪を異常なまでに強化した。そのために農村部では逃散《ちょうさん》して流浪化する農民が続出し、田畑は耕作する者もないまま荒れはてていった。

こうした状況をどう立て直すかが、秀吉の死後に残された大きな課題だった。豊臣政権の中央集権策を維持して統制をつづけるのか、それとも諸大名に権限を委譲《いじょう》し、地方分権を押しすすめることによって領国を再生するのか。

関ヶ原の戦いはこの方針の是非をめぐって引き起こされたものであり、これに勝った家康は幕藩体制という分権政策をとって、国家の復興と二百六十年の平和を実現した。

関ヶ原の戦いから大坂夏の陣までをそのための苦闘と準備の期間と見るなら、これまでとはちがった歴史像が浮かび上がってくると思うのである。

包囲網をめぐる旅を終えて、新たな課題も見えてきた。

家康は石橋を叩いて渡るほど慎重な男だったとはいえ、なぜこれほど巨大な要塞群を作る必要があったのだろうか。

単に豊臣家に対抗するばかりでなく、豊臣以後も視野に入れて政権の基盤をかためようとしたのか、それとも何か別の要因があったのか、いまだに明確にとらえきれていない。

別の要因のひとつに、豊臣家がスペインの支援を受けていたことや、三十五万人といわれるキリシタンの支持を得ていたことなどがあるようだが、真相は謎のベールにつつまれたままである。

その謎を解く鍵は、残された要塞群の中に今も眠っている。これからもくり返し足を運び、答えを捜しつづけたい。

末筆ながら取材中にお世話になった歴史資料館や公立図書館、それに歴史研究にたずさわっておられる多くの方々に感謝申し上げます。ありがとうございました。

二〇〇八年十一月吉日

安部龍太郎

◎関連年表

西暦	和暦	できごと
一五七七年	天正五	豊臣（羽柴）秀吉、織田信長の命で、播磨に進出する（一〇月）。黒田官兵衛、秀吉に助力。周囲の豪族を説得し織田方に引き入れる。
一五七八年	天正六	播磨三木城の別所長治が信長に反旗を翻す（二月）。有岡城（伊丹城）の荒木村重も信長に謀反を起こす（一〇月）。
一五八〇年	天正八	秀吉、三木城を陥す（一月）。黒田官兵衛、秀吉に姫路城を献上。普請奉行として同城の改修を行う（四月～翌三月）。
一五八二年	天正一〇	秀吉、備中高松城を包囲（五月）。信長、本能寺で明智光秀に討たれる（六月）。
一五八三年	天正一一	関盛信の重臣ら、主君が秀吉への年賀挨拶で留守の隙を突き伊勢亀山城を占拠、滝川一益に引き渡す（一月）。秀吉、姫路を発ち、軍勢を三方に分け伊勢に迫る。関盛信を先陣とする本隊が亀山城を攻め落とす（閏一月）。柴田勝家、北近江に侵攻、

一五八四年	天正一二	織田信孝、岐阜で挙兵。秀吉、賤ヶ岳の戦いで柴田勝家を破る（四月）。秀吉、大坂城の築城を開始（九月）。大和出身の大工、中井正清、大坂城造営に参加。 小牧・長久手の戦い。織田信雄、伊勢亀山城を攻めるが、関盛信、奮闘し同城を死守。池田恒興（輝政の父）、秀吉方として戦い嫡男元助とともに討死（四月）。池田輝政、父の遺領を受けつぎ岐阜城主となる。秀吉、織田信雄と単独講和を結ぶ（一一月）。
一五八六年	天正一四	藤堂高虎、上洛する家康のために聚楽第の屋敷の造営を担当。家康との親交が始まる。中井正清、方広寺の造営に参加。
一五八七年	天正一五	元下津井城主の勝間田重晴、福岡県築上郡で行われた黒田長政と宇都宮鎮房との戦いに黒田方として参陣、討死する。
一五八九年	天正一七	秀吉、方広寺の大仏殿を建立、大仏を安置。
一五九〇年	天正一八	伊勢亀山城の関盛信、一政親子、蒲生氏郷の会津転封に従い白河城に移る。岡本良勝、亀山城主となる。良勝、同城を改修。
一五九二年	天正二〇	秀吉、伏見城（指月城）の築城工事を始める（八月）。

一五九三年	文禄二	秀吉側室の淀殿が大坂城で豊臣秀頼を出産（八月）。
一五九四年	文禄三	池田輝政、家康の娘督姫と婚礼を行う（八月）。
一五九五年	文禄四	秀吉、高野山に追放した関白秀次に切腹を命じる（七月）。
一五九六年	文禄五	近畿地方に大地震発生。方広寺大仏殿倒壊。伏見城（指月城）の天守も崩壊。秀吉、新たな天守を木幡山（伏見山）に築くよう命じる（閏七月）。
一五九七年	慶長二	伏見城完成。秀吉、秀頼や淀殿とともに移り住む（五月）。
一五九八年	慶長三	秀吉、朝鮮や明との戦争を終結することなく、伏見城にて没する（八月）。遺書で徳川家康ら五大老に秀頼の将来を頼む。
一五九九年	慶長四	秀頼、秀吉の遺命に従い伏見城から大坂城に移る（一月）。前田利家、大坂屋敷にて没する。同屋敷に詰めていた石田三成を、加藤清正、福島正則、黒田長政らが襲撃。三成、伏見に脱出。家康、清正らをなだめ、三成を佐和山城に蟄居させる。家康、伏見城本丸に移る（閏三月）。家康、大坂に移り、大坂城西の丸などで政務を執るようになる（九月）。
一六〇〇年	慶長五	家康、上杉景勝を討つため大坂から会津に向かって出陣（六月）。

		石田三成挙兵（七月）。伏見城落城、城将の家康側近鳥居元忠、討死する。西軍の岡本良勝、安濃津城の富田信高を攻め降伏させる（八月）。家康、西上し関ヶ原の戦いに勝利。押さえとして伊勢長島城にいた岡本良勝自刃。佐和山城落城（九月）。家康、関ヶ原の論功行賞を行う。池田輝政を播磨一国の領主に。藤堂高虎、伊予半国の領主とする。宇喜多秀家の所領を没収し、小早川秀秋に与える。秀秋、備前岡山の城主に。井伊直政、三成の居城佐和山城を与えられる。関一政、旧領である伊勢亀山城に大名として復帰（一〇月）。秀秋の家老、平岡頼勝、家康の意を受け下津井城の城主となり同城の修築を手がける。
一六〇一年	慶長六	井伊直政、佐和山城に入り、領国経営に着手（一月）。家康、大坂城より、改修した伏見城に移る（三月）。池田輝政、二条城の普請に出役（八月）。輝政、姫路城の大改修工事に着手。藤堂高虎、甘崎城の改修に着手。
一六〇二年	慶長七	井伊直政、関ヶ原で受けた傷が悪化し他界（二月）。藤堂高虎、今治城の建築に着手（六月）。小早川秀秋、没する（一〇月）。

		小早川家取りつぶし。家老、平岡頼勝は浪人となるが、二年後、家康から美濃徳野藩一万石を与えられる。
一六〇三年	慶長八	家康、伏見城に勅使を迎え征夷大将軍の宣下を受け、江戸に幕府を開く。池田輝政、江戸城の修築に出役。井伊家の老臣ら、直政の計画を変更し彦根山での築城を願い出る（二月）。豊臣秀頼、内大臣に任じられる（四月）。家康、孫の池田忠継（輝政の次男）に備前二十八万石を与え、下津井城の大改修を命じる。池田長政（輝政の弟）同城城主となり、改修工事を取り仕切る。彦根城の第一期工事が始まる。
一六〇四年	慶長九	藤堂高虎、今治城を完成させる（九月）。
一六〇五年	慶長一〇	徳川秀忠、征夷大将軍に任じられる。秀頼、右大臣に任じられる。池田輝政、内裏の修造に出役（四月）。家康、諸大名を伏見城に集め秀忠の将軍就任の祝いをもよおす。家康、この機に秀頼と伏見での対面を望むが、淀殿が拒否（五月）。
一六〇六年	慶長一一	池田長政、下津井城の改修工事を完成。大工の中井正清、家康に重用され、従五位下大和守に任じられる。

一六〇七年	慶長一二	池田輝政、駿府城の築城に出役（一月）。池田長政、駿府城手伝い普請の帰り伊勢で病死（七月）。彦根城第一期工事が終わる。本丸、鐘の丸、西の丸などが完成。大津城天守の、彦根城への移築もこのころに完了。
一六〇八年	慶長一三	丹波八上城主、前田茂勝が乱心、所領を没収される（六月）。家康、松平康重を常陸笠間から丹波八上城に移し、篠山城の築城を命じる。幕府、池田輝政に姫路城天守閣の新築も命じる。藤堂高虎、春に今治城に入城するも、八月に伊賀、伊勢への転封を命じられる。藤堂高虎、伊勢安濃津（津市）の地に入府（九月）。小堀遠州、駿府城の作事奉行に任じられる。
一六〇九年	慶長一四	家康、尾張清洲城に入り、名古屋城の城地の選定にあたる（一月）。家康、名古屋城普請奉行に佐久間政実、滝川忠征ら五名を選び、大工棟梁に中井正清、大工頭に尾張熱田出身の岡部又兵衛を任命する（二月）。篠山城の築城工事が始まる。池田輝政が普請総奉行、藤堂高虎が縄張りを担当。島津家久、三千の兵を派遣し琉球を征服。家康、家久に琉球の支配を許す（三月）。

		家康、オランダとの通商を許可、平戸に商館を作らせる（七月）。篠山城の石垣や堀など城地の普請が完成。西国大名から五百石以上の船を没収、海外貿易を行えないようにする。家康、西国大名らに名古屋城普請への助役を命ずる（一一月）。有馬晴信、ポルトガル船のマードレ＝デ＝デウス号を撃沈する（一二月）。岡部長盛、丹波亀山城主となる。
一六一〇年	慶長一五	岡部又兵衛急死、その弟、又右衛門以堅が、岡部家をつぐ（一月）。家康、名古屋城の築城を開始。岡部長盛、丹波亀山城の改修に着手、藤堂高虎が築いた今治城の天守閣を移築する（二月）。伊勢亀山城主の関一政、幕府から城の改修を命じられる（閏二月）。名古屋城石垣の根石置きが始まる（六月）。関一政、伯耆黒坂に転封を命じられる。家康の孫、松平忠明が伊勢亀山城主となる（七月）。加藤清正、名古屋城の天守台を完成させ帰国する（八月）。名古屋城、城の普請がほぼでき上がり、天守閣や櫓などの作事にかかる（九月）。
一六一一年	慶長一六	藤堂高虎、領国の伊勢と伊賀の地で本格的に城の修築に着手（二

		月）。家康、後水尾天皇の践祚と即位礼に参列するため上洛。家康、豊臣秀頼を二条城に呼び引見。家康、徳川義直とともに名古屋城に立ち寄り、築城の進み具合を視察（三月）。加藤清正、熱病をわずらい他界（六月）。佐久間政実、名古屋城三の丸の設計図を持ち、駿府の家康をたずね是非を伺う（九月）。
一六一二年	慶長一七	家康、名古屋をおとずれ、三の丸の着工を命じる（一月）。家康、伊勢亀山城の松平忠明に大量の武器を与える（三月）。家康、藤堂高虎を駿府に呼び密談を行う。名古屋城、大天守閣が完成、最上階の屋根に金の鯱があげられる（一二月）。
一六一三年	慶長一八	池田輝政、姫路にて没する（一月）。家康、駿府でイギリス使節ジョン・セーリスと対面、通商を許可し、平戸での商館開設を認める（八月）。家康、「伴天連追放之文」を発し、宣教師の国外追放を宣言（一二月）。藤堂高虎、津城と伊賀上野城を完成。
一六一四年	慶長一九	家康、大久保忠隣を伴天連追放の総奉行に任じ京都に派遣（一月）。忠隣、教会を破壊し、宣教師を長崎に追放、信徒に棄教を迫り、従わない者は奥州へ流罪にする。宣教師らはポルトガ

		ル船でマカオやマニラへ。高山右近とその家族も乗船。秀頼、地震で倒壊していた方広寺大仏殿を再建。大工棟梁は中井正清、大工頭は岡部又右衛門が担う。梵鐘の銘文が問題となる。家康、大坂征討を命じ、大坂冬の陣が始まる。江戸城修築にあたっていた藤堂高虎、駿府で家康と面会し先陣を命じられる（一〇月）。徳川方と豊臣方の間に講和が成立（一二月）。この年、姫路城の大改修工事が完了、天守閣も完成する。
一六一五年	慶長二〇	大坂再挙の報せが駿府の家康に届く（三月）。家康、大坂への再征を命ずる。大坂夏の陣（四月）。大坂落城。豊臣家亡ぶ。藤堂高虎、京都南禅寺で討死した将兵の供養を行う（五月）。松平忠明、大坂城に入り、復興を手がける（六月）。幕府、一国一城を発令、諸大名に居城以外の取り壊しを命じる（閏六月）。
一六一六年	元和二	本多忠刻（忠政の嫡男）と秀頼の妻であった千姫が婚姻（九月）。彦根城第二期工事が始まる。
一六一七年	元和三	池田光政、幼少を理由に姫路から鳥取三十二万石に移封される。代わりに本多忠政（忠勝の嫡男）が姫路城主となる（七月）。

一六一八年	元和四	千姫のために姫路城西の丸が整備される。
一六一九年	元和五	伯耆黒坂の関一政、重臣の内紛のため改易される。オランダとイギリス、東アジアからスペインを駆逐するため共同防衛艦隊を組織。大坂、幕府の直轄地となり、大坂城代が西国諸大名の統率にあたることになる。松平忠明、大和郡山の城主となる。
一六二二年	元和八	彦根城第二期工事が完了。内堀から外が整備される。
一六二三年	元和九	徳川家光、将軍宣下を受ける。伏見城廃城となる（七月）。
一六二六年	寛永三	本多忠刻、没する（五月）。千姫、江戸城の父秀忠のもとにもどる。
一六三三年	寛永一〇	井伊家三十万石（幕府預かり米を含めて三十五万石）となる。
一六三六年	寛永一三	本多俊次、伊勢亀山城主となり、同城の改修工事を行う。
一六三九年	寛永一六	松平忠明、大和郡山から移り姫路城の城主となる（三月）。下津井城廃城。城主池田由成、倉敷市内の天城に陣屋をかまえ移り住む。

徳川家康《とくがわいえやす》の大坂城包囲網《おおさかじょうほういもう》
関ヶ原合戦《せきがはらかっせん》から大坂《おおさか》の陣《じん》までの十五年《じゅうごねん》

朝日文庫

2023年4月30日　第1刷発行

著　　者　安部龍太郎《あべりゅうたろう》

発 行 者　宇都宮健太朗
発 行 所　朝日新聞出版
〒104-8011　東京都中央区築地5-3-2
電話　03-5541-8832（編集）
03-5540-7793（販売）
印刷製本　大日本印刷株式会社

Published in Japan by Asahi Shimbun Publications Inc.
定価はカバーに表示してあります

ISBN978-4-02-262076-7
落丁・乱丁の場合は弊社業務部（電話 03-5540-7800）へご連絡ください。
送料弊社負担にてお取り替えいたします。